目次

序章　紫式部・清少納言が見た舞姫

1．紫式部と五節舞姫

> 五節《ごせち》は二十日にまいる。侍従《じじゅう》の宰相《さいしょう》に、舞姫《まいひめ》の装束《しょうぞく》などつかはす。右の宰相の中将の、五節にかづら申されたる、つかはす。つかはすついでに、筥《はこ》一よろひに薫物《たきもの》入れて、心葉《こころば》、梅の枝《え》をして、いどみきこえたり。
>
> 　にはかにいとなむつねの年よりも、いどみましたる聞こえあれば、……

五節舞姫は、二十日に参入する。参議《さんぎ》藤原実成《さねなり》に、一条天皇中宮《いちじょうてんのうちゅうぐう》藤原彰子《しょうし》様が舞姫の装束などをおつかわしになった。参議右中将《うちゅうじょう》藤原兼隆《かねたか》からは、五節舞姫の日陰《ひかげ》の蔓《かずら》を所望されたのでおつかわしになった。持参させるついでに、箱一対にお香《こう》を入れ、飾りの造花は梅の花の枝をつけて、妍《けん》を競うようにしてお贈りになった。さしせまって急に用意される例年よりも、今年は一段と競い合って立派だと評判で……。

『紫式部日記』、寛弘《かんこう》五年（一〇〇八）十一月二十日丁丑《ひのえうし》の記事である。この年の九月十二日、彰子は一条天皇皇子敦成親王《あつひらしんのう》（後の後一条天皇《ごいちじょうてんのう》）を出産し、十一月十七日、親王とともに一条院里内裏《さとだいり》に入っていた。一条天皇、左大臣藤原道長《みちなが》や正妻源倫子《みなもとのりんし》、中宮の役所の人々、女房たち、その他、朝廷中が喜びで沸《わ》き返っていた。だから、五節舞姫献上者も腕によりをかけて準備をする。舞姫の衣装や装飾品などは、中宮から下賜《かし》され、ついでにお香も副《そ》えられている。

当日は、中宮様の御座所《ござしょ》の向かい側にある立蔀《たてじとみ》に、隙間《すきま》もなくずっと続けて灯《とも》した火の光が、昼よりもきまりが悪いほど明るく照らしているその所を、舞姫がしずしずと入場してくる様子など、「まあひどい。無情な仕打ちだこと」と思うが、他人事ではない。これほど、殿上人《てんじょうびと》が面と向かって顔をつきあわせたり、脂燭《しそく》を照らしていないだけのことなんだわ。舞姫は几帳《きちょう》を引き回して、隠してゆくといっても、なかのだいたいの様子は同じようにあらわに見えることだろうとわが身について思い出すにつけても、胸がふさがる気がする。　（十一月二十日条の続き）

脂燭で明るく灯された筵道《えんどう》を、多くの殿上人や女房たちが見守るなか、舞姫が周囲を几帳で囲まれつつ歩いて入場する様子を見て、先日中宮様に同行して同じ筵道を歩いた自分に思いをいたし、男性に顔を見られる女房つとめを自省する。紫式部ならではの、著名な描写である。

舞姫は内裏の北の朔平《さくへい》門・玄輝《げんき》門を通って、常寧殿《じょうねいでん》に設営された五節所《ごせちしょ》に入る。里内裏でも、北門を内裏の各門に擬《なぞら》え、五節所まで筵道が敷《し》かれる。舞姫は几帳に囲まれたなかを歩くが、当然透《す》けて見える。五節舞姫は、新嘗祭《にいなめさい》の翌日（十一月中辰日、大嘗祭の場合は午日）の豊明節会《とよのあかりせちえ》に舞うための女性である。『紫式部日記』からこの年の五節舞姫一行の様子を概観しておこう。

舞姫一行の参入を、一条天皇も中宮殿舎にやってきて御覧になる。道長も、女房たちも胸をときめかしながら見守る。この年の舞姫献上者は、参議右中将藤原兼隆、参議侍従藤原実成、尾張守藤原中清《なかきよ》、丹波守高階業遠《たかしなのなりとう》の四人だった。各舞姫一人に、傅《かしずき》女房が六〜十二人、童女《どうじょ》二人、下仕《しもつかえ》二〜四人、他に樋洗《ひすまし》などが付き従う。兼隆の傅たちは申し分ない。樋洗の二人も田舎《いなか》びて整っている。実成の傅たちは、現代的で趣があり十人いる。業遠の傅たちは、錦の唐衣《からぎぬ》に衣装を幾重《いくえ》も着て身動きも取れない。中清の傅たちは、背丈《せたけ》も同じにそろってまことに優雅で奥ゆかしい、と続く。なお、丑《うし》日の夜、舞姫全員がそろうと、常寧殿に設置された帳台で帳台試《ちょうだいし》とよばれる、いわば舞合わせをするが、『紫式部日記』には記載がない。

翌日の寅《とら》日（十一月二十一日）は、天皇の前で予行演習をする御前試《ごぜんし》で、中宮彰子は清涼《せいりょう》殿《でん》に行き、天皇と一緒に見る。紫式部たち女房も道長にせかされて、清涼殿に行き見る。中清が献上した舞姫は、気分が悪いと退出していく。若い殿上人たちは、もっぱら五節所の簾《みす》などの調度品《ちょうどひん》や傅たちの髪や物腰などの噂話《うわさばなし》にあけくれる。

かからぬ年だに、御覧の日の童女の心地どもは、おろかならざる物を、ましていかならむなど、心もとなくゆかしきに、歩みならびつつ出で来たるは、あいなく胸つぶれて、いとほしくこそあれ。さるは、とりわきて深う心よすべきあたりもなしかし。

卯《う》の日（十一月二十二日）の童女御覧を記した紫式部の感慨である。「例年でさえ、御覧の日の童女の気持ちは並大抵《なみたいてい》でないのに、今年はどんな気でいるのだろう、と気がかりだったのに、童女たちが並んで歩いてきた様子は、胸が締《し》めつけられ、可哀想《かわいそう》である。といっても、とりわけ深く心を寄せなければならない筋合《すじあ》いでもないのよ」。紫式部は最後は身分がより下の童女たちを突き放す。その後、みなが自信を持って選んだ童女なので優劣がつけられないこと、扇も満足に持たせず昼日中《ひるひなか》に大勢の殿方がいる所で競い合うことも気後《きおく》れがするに違いないこと、など同情を寄せている。さらに、丹波守業遠の童女は青い白橡《しろつるばみ》の汗衫《かざみ》、参議兼隆のは赤色、参議実成のは濃き袙《あこめ》、尾張守中清のは葡萄染《ぶどうぞめ》と衣装や色合を詳細に記し、業遠の童女の容貌は整っていない、下仕のなかに容貌の良いのがいて、六位蔵人《くろうど》が扇を取ろうとすると自分から進んで扇を投げて顔をさらしたのは、あまりに女らしくない、などと童女や下仕の容貌を評価したうえで、自分の女房つとめを内省し自己批判さえはじめる。

　実成が献上した舞姫付き添いの傅のなかに、もと天皇付き女房で、今は女御《にょうご》藤原義子《ぎし》付きの左京《さきょう》の君《きみ》という名の女房がひどく物慣れた様子で仕えていた。紫式部他の女房たちや顔見知りの殿上人、中宮彰子まで一緒になって、皮肉を込めた歌や扇を贈る。今も変わらぬ女性同士の嫌がらせである。

十一月中丑《なかのうし》から中辰《なかのたつ》の四日間を、「五節が終わると宮中の様子は急に寂《さび》しくなる」、と紫式部は述懐している。紫式部は実際に五節舞姫の一行と行事を見ており、『源氏物語』にも随所《ずいしょ》に叙述されている（服藤早苗・二〇一三b、二〇一四a）。

2．清少納言と五節舞姫

『枕草子《まくらのそうし》』にも五節はいくつか出てくる。「宮の五節出ださせたまふに」の段は、皇后《こうごう》藤原定子《ていし》が舞姫を献上した正暦《しょうりゃく》四年（九九三）十一月十二日丑《うし》〜十五日辰《たつ》を描いている。傅には、定子付き女房や一条天皇国母《こくも》東三条院藤原詮子《せんし》付き女房、東宮妃《とうぐうひ》藤原原子《げんし》（定子の妹）付き女房など十二人を出す。辰日の夜には、昨夜の新嘗祭にふさわしく青摺《あおずり》の唐衣《からぎぬ》や汗衫を、傅や童女全員にお着せになる。赤紐《あかひも》をきれいに結んでさげ、本来は型木《かたぎ》で摺《す》るのが普通の模様は、肉筆で描いてある。織物の唐衣の上にこれを着ているのは珍しく、汗衫を着た童女はひときわ優雅である。殿上人や上達部《かんだちめ》がきておもしろがって女房たちと話をする。右中将藤原実方が女房に歌を詠みかける。とっさに返歌ができないでもじもじしているので、遠くに座っていた清少納言《せいしょうなごん》が代作をするが、その女房はうまく読んで実方に伝えることができない。でも、私の腰折れ歌が披露《ひろう》されなくってよかったわ。

舞姫が清涼殿にあがる寅日の御前試には、中宮定子様が、みなで見送りに出るようにおっしゃったので、大勢集まる。舞姫の父親は右馬頭《うまのかみ》藤原相尹《すけまさ》で、母親は為平《ためひら》親王の妹の娘である。年は十二歳、まことにかわいらしく美しかった。

「内は、五節のころこそ」の段では、宮中の五節のうきうきする様子を描く。主殿司《とのもづかさ》の女官たちが、色とりどりの布きれを釵子《さいし》（かんざし）につけているのもおもしろい。お付きの雑仕女《ぞうしめ》たちも晴れがましく思っている様子なのはまことにもっともである。日陰の蔓などを柳箱《やないばこ》に入れて男たちが持ち回るのもおもしろい。殿上人が直衣《のうし》を肩脱《かたぬ》ぎして、扇で拍子《ひょうし》を取りながら、「つかさまさりと　しき波ぞ立つ」と官位が昇進した祝い歌を歌いながら五節所の局《つぼね》の前を通ると、女房たちの心がさわぐ。五節の責任者の行事《ぎょうじ》蔵人の掻練《かいねり》襲《がさね》などは何にもましてきれいに見える。

帳台試の夜、行事蔵人がきびしく戸の番をして、「各舞姫の理髪《りはつ》と二人の童女以外は入れません」と言い張っても、皇后付き女房二十人ばかりが一団で、続いて傅ども全員が入ってしまう。一条天皇も御覧になっている。燈台に向かって居眠りしている舞姫たちもかわいらしい。

清少納言も、五節行事を華やかで心躍《おど》る行事として描いている。

3．『今昔物語集』の五節

『今昔物語集《こんじゃくものがたりしゅう》』巻第二十八第四話「尾張守《おわりのかみ》□□五節所の語」は、五節舞姫献上者になった受領《ずりょう》を、殿上人たちが悪戯《いたずら》をしてからかう話である。少し長いが、十一世紀末頃の五節の様子を余《あま》すことなく伝えているので、要約しつつ、引用してみよう。

ある天皇の御代《みよ》にずっと任官されなかった元受領が、やっと尾張守に任じられた。下向してみると田畑はすっかり荒廃していたが、守《かみ》は正直で事務処理能力もあったので、国政に専念し善政をした。おかげで、国は富み、隣国の百姓が雲のように集まってきて開墾し、二年間ですっかり国力も回復した。天皇も上達部も褒《ほ》め称《たた》えた。

さて、任期三年目、五節舞姫を献上するように申しつけられた。尾張は絹・糸・綿などの産地で、守も手腕家だったので衣装の色彩、打ち方、縫い方など立派に調《ととの》えて奉った。

五節所は常寧殿の西北の隅《すみ》だったが、簾の色、几帳の垂《たれ》れ布、簾の下からさしのぞかせた女房どもの衣装（出衣《いだしぎぬ》）、傅や童女などもすぐれていたので、みな褒めそやした。殿上人や蔵人などは、この五節所に立ち寄って見ていた。この五節所内では、守をはじめ子どもや親戚の者など、みな屏風の後ろに集まっていた。

ところが、守は血筋は良いが、父も本人も蔵人になれず、昇殿も許されなかったので、宮中も五節のことも見たことがなかった。子どもや親戚たちも、宮中内の女房や殿上人や蔵人の衣装や様子を、先を争って簾の側で重なるようにながめるだけだった。しかし、殿上人が近づくと、争って逃げるので指貫《さしぬき》を踏まれ倒れたり、冠を落としたりしながら屏風の後ろに迷い入る。殿上人や蔵人は、それを見ておもしろがった。

そのうち若い殿上人たちが、みなで相談した。

「あの尾張守の五節所は、衣装や童女など五節のなかでは一番だ。しかし、宮中の作法を知らないようだから、ひとつあいつらをだましておどかしてやろうではないか」と言うと、一人の殿上人（新源少将の君）がうまい方法を考え出した。

「あの五節所に行って、親切な振りをしてこう言ってやるのだ。『この五節所の事を殿上人たちがみな笑いものにしようと、謀《はかりごと》をしていますよ。みな紐を解いて、直衣《のうし》の表衣の肩を脱いで、この前で歌を歌おうというのです。『鬢《びん》たたらはあゆかせばこそ、をかせばこそ、愛敬《あいぎょう》づきたれ』という歌です。守殿の髪が薄くて鬢が落ちていることや歩く姿を歌うのです。明日の未申《ひつじさる》の刻（午後二時から四時）頃、老若の殿上人みなが、肩を脱いで直衣の表衣を腰まで垂らして、しどけない格好《かっこう》で押し寄せてくるはずですから、私が申しあげたことが本当だったとわかります』、とこう言ってやろうと思うのだ」

と言うので、みなは賛成し、明日言葉巧《たく》みに言うように約束して、散会した。

さて、この殿上人は、寅の日の朝早く守の子どもに、いかにも親切そうに、「こんなことを私が教えたと公達《きんだち》に言ってくれるな」と耳打ちして帰っていった。

驚いた子どもは、守に伝えた。守も驚く。

「昨夜、公達がこの歌を歌っていたのを何かと気になっていたが、それではこの翁《おきな》を歌っていたのか。荒廃した尾張を復興させたことが悪いとでも言うのか。五節は帝が割り当て責められたので何とか工面《くめん》して奉るのではないか。鬢がないことは、七十過ぎれば当然だろう。帝がいる王宮のなかで、紐を解き肩脱ぎをして狂い歌うことなど有るはずはない。たとえ身分は卑《いや》しくとも和漢のことは通じておる。そんなことはありえない」と怒っていた。

やがて未《ひつじ》刻（午後二時頃）になると、紫宸殿《ししんでん》の方から歌いながら近づいてくる声が聞こえる。みな恐怖に舌を丸め、顔を震わせて恐ろしがっていると、一団となって押し寄せてきた。一人としてまともな風袋《ふうてい》はいない。みな直衣の表衣を尻の辺まで脱ぎ垂れている。それらがみな押し寄せ、五節所の前の敷物の際《きわ》に、ある者は沓《くつ》を脱いで座り、ある者は簾によりかかって内をのぞく。それらがみな「鬢たたら」の歌を歌うのである。

脅かす計画を知っている四、五人の若い殿上人たちは、簾のなかで恐れ惑う様子をおかしがって見ていたが、事情を知らない年配の殿上人たちは、不審に思っていた。守は、みなが肩脱ぎをして歌いながらやってくるのを見て、少将が本当のことを教えてくれたとわかり感謝していたが、公達たちが、みなぐでんぐでんに酔っ払って内をのぞきこむと、屏風の後ろで子どもや親戚の者たちと恐怖で震えていた。

公達たちが一人残らず帰ると、「どうしてこんな場所で帝の御為に無礼を働くのだ。神の御世《みよ》よりこんなことは一度もない。国史を見てもこんな記録はない。浅ましい末世《まつせ》となったものじゃ」と天を仰いでいた。

隣の五節所の人がのぞいておかしいと思い、後に関白殿の蔵人所に行って話したので、すっかり広がり、さんざん笑われた、と語り伝えたとのことである。

寅日には、午前中に宮中の清涼殿殿上《てんじょう》間で、蔵人頭《くろうどのとう》を筆頭に殿上人や蔵人が、淵酔《えんずい》とよばれる酒宴を催し、宴酣《えんたけなわ》になると、紐を解き肩脱ぎをする。その後、その一団が五節所を廻《めぐ》り、そこでも酒肴《しゅこう》をせがむのである（第四章第三節参照）。「鬢たたら」の歌は恒例の郢曲《えいきょく》であった。尾張守も父も蔵人経験がなく、昇殿が許される殿上人となることもなかったので、寅日の無礼講的《ぶれいこうてき》どんちゃん騒ぎを知らなかった。それを、若い殿上人がからかった話である。

『枕草子』「生ひさきなく、まめやかに」の段には、「相当な身分のある家の子女などは、宮中に奉公して、社会の様子も十分に見聞させ、習得させてやりたいと思う。宮中に宮仕えをする女房を軽薄で良くないことのように言ったりする男がいるが、……受領の五節舞姫献上の折など、妻が宮仕え経験者であれば、人に聞いたりせずにできるではないか」、と清少納言が主張している。尾張守も妻に宮仕え経験があれば、こんな悪戯の犠牲にならなかったはずである。清少納言の予言は当たったのである。

4．本書の課題

平安中期の女房たちや貴族層にとって、十一月中丑〜中辰の日に行われる五節行事は、一年で一番華やかで待ち遠しい年中行事になっていた。物語文学の『うつほ物語』『源氏物語』、歴史物語の『栄花《えいが》物語』にも、宮中に集う男女が詠んだ和歌にも、そして男性の日記である記録や文書類にも多く登場する。しかしながら、詳細に検討した研究書はほとんどない。まずは、平安時代の五節行事を検討することが第一の課題である。五節舞姫は、華麗な衣装を身に纏《まと》い、大勢の付き添いを従え、宮中に入る。その付き添いたちの姿も明らかにしたい。

十一月中卯日に行われる新嘗祭の翌日の辰日の豊明節会で五節舞を舞うことが、九世紀にはじまったと思われる五節舞姫の本来の任務であった。ところが、帳台試・御前試・童女御覧・殿上淵酔等々がはじまる。殿上人や蔵人の酒宴がはじまり、院政期には、尾張守が憤慨したような、肩脱ぎや乱舞などの、どんちゃん騒ぎが定着する。平安時代には、農耕儀礼にもとづく一年で最も大切なはずの神事である新嘗祭への天皇出御《しゅつぎょ》が次第に減少していく。それに比して、殿上人たちが、飲み・歌い・舞う淵酔がより賑《にぎ》やかに、しかも多くの場所で行われるようになり、天皇もその方を楽しむ。まさに、神事から娯楽への変容である。この尾張守を嘆かせた殿上人たちの酔っ払ったしどけない姿での歌や舞を、神事と直結させる説が出されているが、淵酔の成立過程や具体的な行動を史料にもとづき分析し位置づけてはいない。本当に、このどんちゃん騒ぎが神事なのであろうか。

娯楽の一つとして、童女御覧がはじまる。「平安時代の美人コンテスト」と命名した研究者がいたが、顔をさらすことが恥とされた平安時代に、十歳前後の現代なら小学生の少女が、扇を取られて顔を見られ、醜《みにく》いと列席する天皇や上層貴族、あるいは中宮・皇后や女房たちに、頤《おとがい》をはずして笑われるのである。「美人コンテスト」と断言する男性の視線や態度こそ問われなければならない。見る男性と特権女性、見られる童女、そこには非対称で差別的なジェンダー構造が、身分というねじれを含みつつ、透けて見える。この権力による女性支配も解明したい課題である。

さらに、五節舞姫に付き添う下仕に遊女が任じられることがある。そのため、遊女は朝廷に所属し統括されていた、あるいは、五節の神事に出るので「聖なる」存在だった、との説も出されている（網野善彦・一九八四・九四、後藤紀彦・一九八六、服藤早苗・二〇〇六b参照）。

しかし、そもそも下仕は五節行事のなかでどのような任務を果たしたのか、誰も検討することなく論じられているのである。まずは、下仕の任務を検討したうえで、遊女が任じられる意味を問うべきであろう。

今上天皇の大嘗祭は平成二年（一九九〇）十一月二十三日の夜行われ、二十四・二十五日には、「大饗の儀」（かつての豊明節会）で多くの参列者に酒食がふるまわれ、最後に五人の舞姫による五節の舞が披露された。この五節舞は、近代に復活され、大嘗祭のみに行われるようになり、昭和天皇の大嘗祭では、舞も新たに創作され、装束も華やかになった（鳥居本幸代・一九八六）。平安時代の五節舞とは大きく変容していることはいうまでもないが、まずはその成立過程を解明することは大きな意義があろう。

なお、江戸時代の写本ではあるが、承安《しょうあん》元年（一一七一）十一月、高倉《たかくら》天皇時代の五節を描いた絵巻『承安五節絵』も、先学の研究成果（川島絹江・二〇〇九）を踏まえ、参照した。本書は、五節行事の基礎的分析である。また女性名は訓み方が不明の場合が多いので、研究者の慣例にならい音読みで表記した。

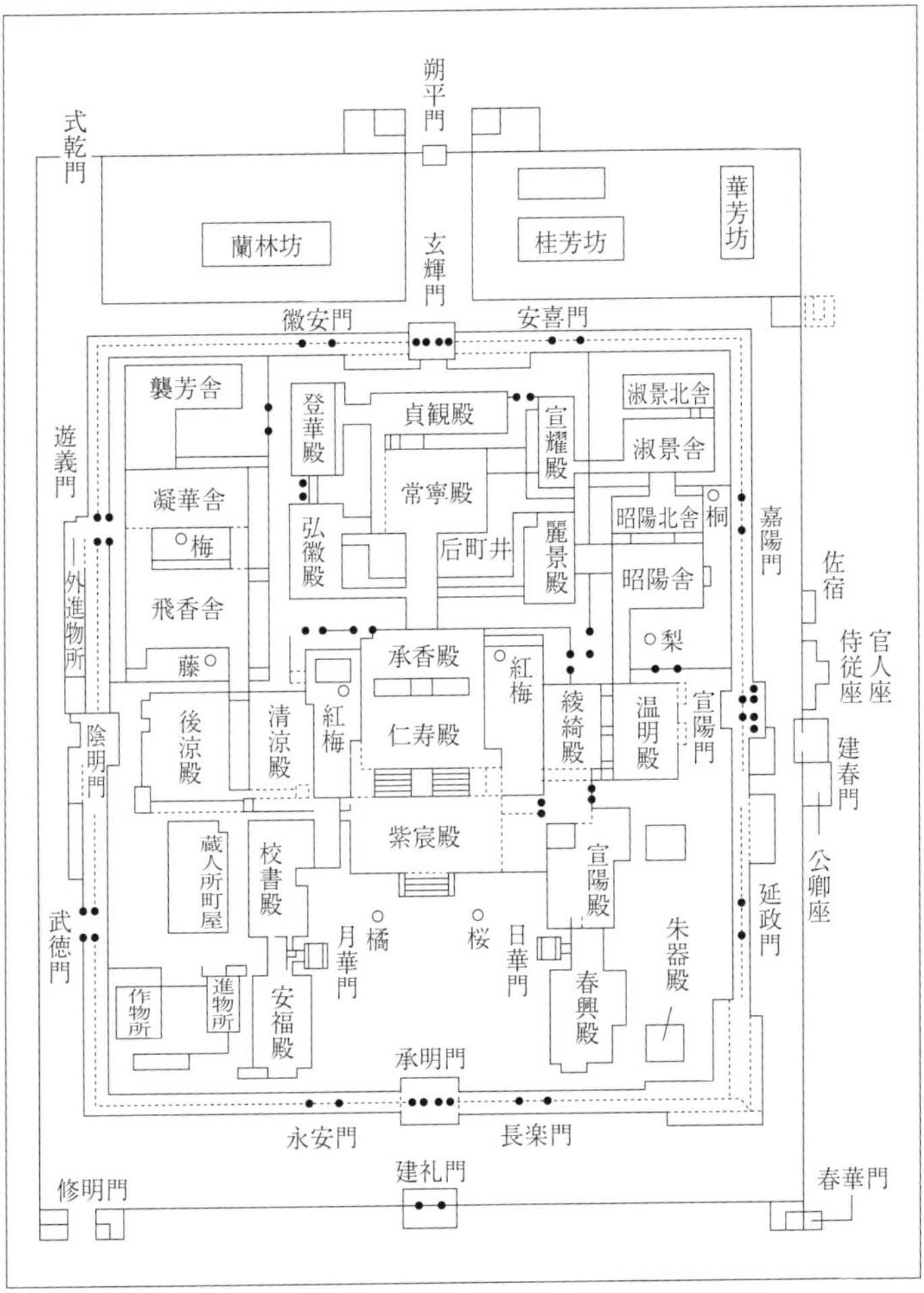
朔平門
式乾門
蘭林坊
玄輝門
桂芳坊
華芳坊
徽安門
安喜門
襲芳舎
登華殿
貞観殿
宣耀殿
淑景北舎
淑景舎
遊義門
凝華舎
常寧殿
梅
弘徽殿
后町井
麗景殿
昭陽北舎
桐
嘉陽門
昭陽舎
佐宿
外進物所
飛香舎
承香殿
紅梅
梨
侍従座
官人座
藤
後涼殿
清涼殿
紅梅
仁寿殿
綾綺殿
温明殿
宣陽門
陰明門
建春門
紫宸殿
蔵人所町屋
校書殿
宣陽殿
公卿座
延政門
武徳門
橘
桜
月華門
日華門
朱器殿
作物所
進物所
安福殿
春興殿
承明門
永安門
長楽門
建礼門
修明門
春華門

図1　内裏図

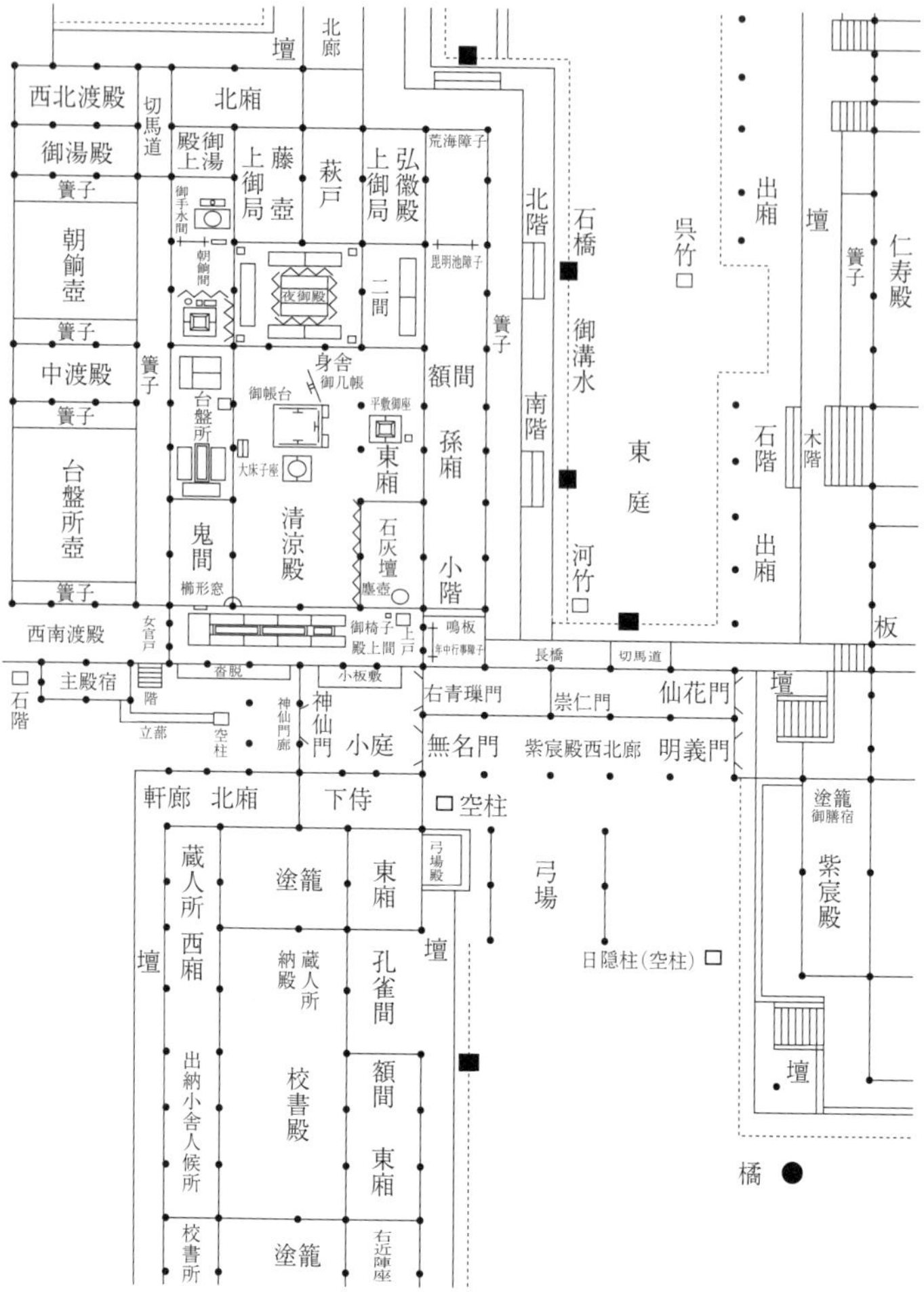
西北渡殿
御湯殿
朝餉壺
中渡殿
台盤所壺
西南渡殿
主殿宿
切馬道
北廂
北廊
壇
御湯殿上
藤壺上御局
萩戸
弘徽殿上御局
荒海障子
昆明池障子
夜御殿
二間
朝餉間
御手水間
台盤所
鬼間
清涼殿
御帳台
身舎
御几帳
平敷御座
大床子座
東廂
孫廂
額間
石灰壇
塵壺
小階
櫛形窓
女官戸
御椅子
殿上間
上戸
鳴板
年中行事障子
長橋
切馬道
北階
南階
石橋
御溝水
呉竹
河竹
東庭
出廂
石階
木階
仁寿殿
板
右青瑣門
崇仁門
仙花門
無名門
紫宸殿西北廊
明義門
神仙門
神仙門廊
小庭
沓脱
小板敷
立蔀
空柱
軒廊
北廂
下侍
空柱
弓場殿
弓場
日隠柱(空柱)
蔵人所
西廂
塗籠
東廂
納殿
蔵人所
孔雀間
出納小舎人候所
校書殿
額間
東廂
校書所
塗籠
右近陣座
塗籠
御膳宿
紫宸殿
橋

図２　清涼殿付近図

第一章　奈良・平安初期の五節舞

～五節舞の成立と変容

第一節　五節舞の成立と特質

1.「五節田舞」説批判

五節舞《ごせちまい》は、「五節田舞《ごせちたまい》より独立したもの。五節といわれる節会《せちえ》に田舞《たまい》を舞って農耕の繁栄を祝ったものが、次第に形式を整え、五節だけでなく他の行事にも行われるようになった」と『国史大辞典』（吉川弘文館）には、説明されている（「五節舞」の項、蒲生美津子氏執筆）。この「五節田舞」が五節舞と田舞に分化したものである、との林屋辰三郎《はやしやたつさぶろう》説（林屋辰三郎・一九六〇、以下同じ）が、歴史学では定説になっていた。しかし、うら若き乙女がきらびやかな衣装を身に纏《まと》い、しかも奈良時代には、皇太子阿倍内親王が舞う五節舞が、本当に農耕予《よ》祝《しゅく》舞の伝統を持つ男舞としての「五節田舞」から直接に分かれたものであろうか、との疑問から筆者は林屋批判論文を書いた（服藤早苗・一九九五a）。しかし、最近でも林屋説にもとづいた叙述《じょじゅつ》がいくつも見られるので、まずは、林屋説批判も含め、五節舞の成立と特質を簡略に述べておきたい。

『続日本紀《しょくにほんぎ》』には四例の五節舞が出てくる。まずは史料を提示しておく。

①天平十四年（七四二）正月十六日条

天皇、大安殿《だいあんでん》に御《おわ》し、群臣を宴《うたげ》す。酒酣《さけたけなわ》にして五節田舞を奏《つかえまつ》る。おわりて更に、少年・童女をして踏歌《とうか》せしむ。

②天平十五年（七四三）五月五日条

群臣を内裏《うち》に宴す。皇太子、親《みずか》ら五節を舞いたまう。

③天平勝宝《てんぴょうしょうほう》元年（七四九）十二月二十七日条

天皇・太上天皇《だじょうてんのう》・太后《たいこう》も同じく亦《また》行幸したまう。この日、百官と諸氏の人らと咸《ことごと》く寺に会《つど》う。僧五千を請じて礼仏読経《らいぶつどきょう》せしむ。大唐《だいとう》・渤海《ぼっかい》・呉の楽、五節田舞、久米《くめ》舞を作《な》さしむ。

④天平勝宝四年（七五二）四月九日条

盧舎那《るしゃな》大仏《だいぶつ》の像成りて、始めて開眼す。この日、東大寺に行幸したまう。天皇、親ら文武の百官を率て、設斎大会《せっさいだいえ》したまう。その儀、もはら元日に同じ。五位以上は礼服を着る。六位以下は当色《とうじき》。僧一万を請う。既にして雅楽寮《ががくりょう》と諸寺との種々の音楽、並びに咸く来たり集る。復《また》、王臣諸氏の五節・久米舞・楯伏《たてふし》・蹋歌《とうか》・袍袴《ほうご》等の歌舞《かぶ》有り。東西より声を発し、庭を分けて奏《つかえまつ》る。

①と③には、「五節田舞」と出てくる。しかし、②では、阿倍内親王が「五節」を舞い、④

では、王臣諸氏が「五節」を舞っている。もちろん、林屋説は、①と③が根拠となっている。

さらに、五節が出てくるのは、『令集解《りょうのしゅうげ》』職員令《しきいんりょう》雅楽寮《ががくりょう》条の末尾に記載されている「大属《だいさかん》尾張浄足《おわりのきよたり》説」である。この説は、大きく分類して外来系舞と在来系舞に分類できるが、ここで関係する在来系舞の部分のみ引用すると、次のように記述されている。

久米舞。大伴《おおとも》琴を弾く。佐伯《さえき》刀を持ちて舞う。即ち、蜘蝁を斬る。唯今琴取二人、舞人八人。大伴・佐伯別《わか》たざるなり。五節舞十六人。田舞師。舞人四人。倭舞師舞うなり。楯臥舞十人。五人は土師宿禰《はじのすくね》等なり。五人は文忌寸《ふみのいみき》等なり。右に甲を着しならびに刀《かたな》楯《たて》を持つ。筑紫《つくし》舞二十人。諸縣師《もろあがたし》一人。舞人十人。舞人八人甲を着して刀を持つ。禁止二人。歌師四人。立歌《たちうた》二人。大歌笛師《おおうたふえし》二人。横竹乃文を兼ねて知る。

〔傍線は引用者、以下同じ〕。

この尾張浄足説は、①大伴氏が「伴」と改姓する弘仁十四年（八二三）以前であること、②筑紫舞と諸縣舞が区別されているが、雅楽寮楽師を定めた大同四年（八〇九）官符《かんぷ》には「筑紫諸縣師」とあるからそれ以前であること、③外来系舞で散楽師《さんがくし》が記載されているから散楽戸が廃止された天応《てんおう》二年（七八二）以前であること、などによって天応二年以前にさかのぼることが確実で、しかも、雅楽寮では教習されないはずの「特定氏族の私的な舞」が教習されているから、天平勝宝四年（七五二）の東大寺開眼供養に向けて雅楽寮の状況を書き留めたもの、とされている（斯波辰夫・一九八九）。

さて、ここで問題なのは、「五節舞十六人。田舞師。舞人四人。倭舞師舞うなり」をどのように読み取るかである。巫女《ふじょ》の系統の五節舞と農耕舞としての田舞は別であると解した折《おり》口信夫《ぐちしのぶ》説（折口信夫・一九五七）に対し、林屋氏は、この尾張浄足説をもとに「雅楽寮での教習において、五節舞の中に田舞師がいるという点はどのようにかんがえられるのであろうか」と批判している。林屋氏は、五節舞に田舞と倭舞が含まれる、すなわち「五節舞（田舞・倭舞）」と解釈したのである。しかし、斯波辰夫《しばたつお》氏は、尾張浄足説を詳細に分析し、師が必ず舞人の先に記されているという原則を確認し、五節舞・田舞・倭舞に区分せざるをえず（「五節舞十六人。」「田舞師。舞人四人。」「倭舞師舞うなり」）、ゆえに三つの舞は独立していた、とされた（斯波辰夫・一九八九）。首肯《しゅこう》しうる見解である。

ついで林屋説の根拠は、「五節田舞」と連記される史料である。じつは、「五節田舞」連記史料は、先の①と③だけである。③は先の尾張浄足説の時代であり、斯波氏によって五節と田舞は分離して読むべきだと論証されているから、根拠とはならない。したがって、①だけになるが、これも「五節・田舞」と切り離して読むことも可能であり、これのみを根拠とするには薄弱な説といわねばならないだろう。

さらに、林屋氏は、②の五月五日の内宴で皇太子阿倍内親王が舞った五節も、五節田舞の根拠とされている。詔《みことのり》（後述）を引用された後で、「この場合は、五節田舞は雅楽寮で田舞師に教習され、五節の宴をかざるだけではなく、皇太子自身が態《わざ》をみせたのであって、そこにはきわめて強い政治的意図があった」と叙述されている。史料にある「五節」の文字を、「五節田舞」と読み取り、解釈されたのである。しかし、皇太子が舞ったのは「五節」であり、「五節田舞」などとどこにも書かれていない。では、なぜ林屋氏は、「五節田舞」と強引に解釈したのであろうか。林屋氏は、「五節舞の創始は、天武《てんむ》天皇となっているが、少なくとも天智《てんち》天皇十年五月に、天皇西小殿《にしのこあどの》に御し、皇太子群臣に侍して、「田舞」を奏することがあった」と、五節舞が天武天皇以前から存在していたとされている。

『日本書紀』天智天皇十年（六七一）五月五日条には、「天皇、西小殿に御し、皇太子・群臣宴に侍《はべ》り。ここに、再び田舞を奏す」とあり、ここでは「田舞」としか書かれていない。同じ「五月五日の節会」に舞が奏されたことを理由に、「五節田舞」の根拠としたのであろうが、天智期は「田舞」であり、天平期に阿倍内親王が舞ったのは「五節」であり、まったく相違するのである。「五月五日」節会に舞があっただけで、「五節田舞」の根拠とはなりえない。

以上、林屋説の史料的根拠を逐一《ちくいつ》検討したが、唯一残った史料は、①のみであり、これも「五節・田舞」と分離して読むことが可能であるから、林屋説の強力な根拠はまったくなくなったのである。なお、「五舞田舞」から「五節」への名称変更があったとする説が出されているが（黒澤舞・二〇一〇）、この一例だけであり、首肯しかねる。

2．五節舞と田舞の相違

史料に即して検討すると、「五節田舞」から五節と田舞が分化したとする説の根拠は希薄になった。ここでは、八世紀にも明確になる五節舞と田舞の相違を検討しておきたい。

先述の史料②では、皇太子阿倍内親王が五節を舞った後に次のような詔が続く。

右大臣橘宿禰諸兄《もろえ》、詔を奉《う》けたまわりて太上天皇《だじょうてんのう》（元正《げんしょう》）に奏して曰《のたま》わく、「天皇《すめら》が大命《おおみこと》に坐《いま》せ奏《おお》し賜わく、掛けまくも畏《かしこ》き飛鳥浄御原宮《あすかきよみがはらぐう》に大八洲《おおやしま》知らしめしし聖《ひじり》の天皇命《すめらみこと》（天武）、天下を治め平げ賜いて思ほし坐《ま》さく、上下を斉《ととの》へ和《やわら》げて動なく静かに有らしむるには、礼《らい》と楽《がく》と二つ並べてし平けく長く有べしと神ながらも思し坐して、此の舞を始め賜いきと聞き食《たま》いて、天地と共に絶ゆる事無く、いや継《つぎ》に受け賜はり行かむ物として、皇太子この王に学はし頂き荷《もた》しめて、我皇天皇《わがおおきみすめらみこと》の大前に貢《たてまつ》る事を奏す」という。ここに於て太上天皇（元正）詔報して曰わく、「現神《あきつみかみ》と御大八洲《おおやしましらしめす》我子《あがこ》天皇《すめらみこと》（聖武）の掛けまくも畏き天皇が朝廷の始め賜い造り賜える国宝として、此の王（阿倍）を供え奉らしめ賜へば、天下に立て賜い行い賜える法は絶ゆべき事はなく有りけりと見聞き喜び侍り、と奏し賜えと詔りたまう大命を奏す。また今日行い賜ふ態《わざ》を見そなはせば、直《ただ》に遊とのみには在らずして、天下の人に君臣祖子《きみおみおやこ》の理を教へ賜ひ趣《おもぶ》け賜うとにあるらしとなも思しめす。是を以て教え賜ひ趣け賜ひながら受け賜わり持ちて、忘れず失わずあるべき表《しるし》として、一二人を治め賜わなとなも思しめす、と奏し賜えと詔りたまう大命を奏し賜はくと奏す」とのたまう。因《よ》て御製歌《おおみうた》に曰わく、「そらみつ大和の国は神からし貴くあるらしこの舞見れば」（『続日本紀』）

元正太上天皇に奏上した聖武天皇の詔には、①天武天皇が天下統治のために礼楽整備の一環として五節舞を創設したこと、②聖武自身も礼楽継承のため阿倍内親王に習得させ、元正太上天皇に奉献する、とある。さらに、元正太上天皇の返詔には、①天武天皇創設の舞を国の宝として皇太子が舞うことを見て大法永続を認識したこと、②この舞は「君臣祖子」の倫理を教導するもとであるから、趣旨を表明するためにも人々に叙位《じょい》を行ってほしいこと、とある。聖武天皇は、この舞を見れば大和の国が貴くあるのは神柄《かみがら》であるらしい、と歌を詠む。五節舞は神国大和を象徴する舞との認識である。礼楽とは、『礼記《らいき》』に、「楽は天地の和なり。礼は天地の序なり」（第十九・楽記）とあり、礼楽は、人心を和ませ、社会秩序を保つものとされており、天武天皇が導入したとされている。

聖武天皇の皇女である二十六歳の阿倍皇太子が、「君臣祖子」の秩序を表明するために、元正太上天皇に示した舞が、農耕予祝儀礼としての田舞と直接つながるであろうか。しかも、この時点で、天武天皇創始と聖武天皇が主張しており、大和の国は貴い神柄であることを感知させるという舞である。やはり田舞とは当初から相違していたことは疑いない。

　五節舞と田舞が、八世紀から別の舞だったと推察される第二の点は、伊勢神宮の年中行事において、五節舞と田舞は、舞う時期も、舞手もまったく相違する点である。九世紀初頭の延暦二十三年（八〇四）に造進された『皇太神宮儀式帳《こうたいじんぐうぎしきちょう》』では（西宮一民・一九七二）、二月の先子日《さきのねのひ》に山口祭《やまぐちさい》が行われ、湯鍬山《ゆかまやま》に入山し忌鎌《いみがま》で木を切り湯鍬の柄《え》を作り、諸々の禰《ね》宜《ぎ》・内人《うちびと》等が太神《だいじん》の御刀代田《みとしろた》を耕しはじめ、田耕歌《たがえしうた》を歌い田舞を舞っている。田舞とは、春の予祝儀礼の田耕所作《しょさ》で、田耕歌とともに、男性の禰宜・内人等によって舞われたことがうかがえる。

　同日の祭が『止由気宮儀式帳《とゆけぐうぎしきちょう》』では、よりはっきりと男性の舞だったことが判明する。山口祭と木の切り出し後、女子の菅裁物忌《すがたちのものいみ》が湯鍬で耕佃《こうでん》し、湯草湯種《ゆぐさゆたね》を下しはじめる。その後、諸内人等の戸の人夫が耕殖《こうしょく》のしぐさをし、菅裁物忌の父が田舞を奉仕する。ここでは、女子が重要な役割を果たす一方で舞はせず、田舞は、田耕所作を伴い田耕歌を歌いつつ男性が舞っており、田舞が男性の舞だったことが判明する。

　一方、二月の田舞に対し、五節舞は、『止由気宮儀式帳』にのみあり、六月の月次祭と九月の神嘗祭《かんなめさい》の祭終了後の直会《なおらい》で、「斎宮采女《さいぐうのうねめ》」が舞うことになっている（斯波辰夫・一九八九）。この直会での五節舞の意義については後述するが、九世紀初頭の儀式帳が撰述された段階で、田舞と五節舞は、舞われる「時」も、舞の担い手たる「人」も大きく相違することから見て、八世紀から別の舞だったと想定されるのである。

3．五節舞の成立と意義

では、五節舞はいつ成立したのか。前述の聖武天皇の詔では、天武天皇が創設した舞だとされていた。林屋氏は、「五節田舞」として推古朝から朝廷儀礼に取り入れられていたが、天武朝のこととして理解しているのは、この時期に律令体制の荘厳具《そうごんぐ》に供せられた結果であり、「五節田舞」はすなわち五節舞の祖型であって、当初は男・女舞の別が確定していなかったが阿倍内親王が舞ってから漸次《ぜんじ》女舞として形式を整えた、とされる（林屋辰三郎・一九六〇）。しかし、「五節田舞」説は成立しないことはすでに述べた。

八世紀以前における音楽関係史料を一瞥《いちべつ》すると、『日本書紀』などでも天武天皇巻が一番多く、集中してあらわれる。天武朝は、饗宴《きょうえん》などにおける伝統的歌舞や外来の舞楽の整備期であり、国家儀礼としての宴の草創期だった（山中裕・一九八一）。また、『年中行事秘《ねんじゅうぎょうじひ》抄《しょう》』所引『本朝月令《ほんちょうがつれい》』逸文には、次のように記されている。

五節舞姫は、浄御原《きよみはら》天皇の製する所なり。相伝にいわく、天皇吉野宮に御す。日暮て琴を弾き興あり。試楽の間、前岫《ぜんしゅう》（前方の岩穴）の下、雲気忽《たちま》ち起こる。疑うらくは高唐神女の如し。髣髴《ほうふつ》し曲に応《こた》えて舞う。独り天瞻《てんせん》に入り、他人見ることなし。袖を挙ぐること五変。故に五節と謂うと云々。その歌に曰わく、をとめどもおとめさびすもからたまをたもとにまきてをとめさびすも…。

浄御原天皇、すなわち天武天皇が吉野宮で神女の舞に出会い、五節舞を創設したとする（『江家次第』巻十・五節帳台試にも同内容の逸文が見える）。『本朝月令』が成立した十世紀前半には、天平十五年（七四三）の詔と同じく、天武創設伝承が確実に流布していたことがうかがえる。七世紀の神仙思想受容を背景に五節舞が神仙界の天女《てんにょ》をイメージした「女楽《じょがく》」として創設され、儀式化されたことが指摘されている（下出積與・一九七一、土橋寛・一九八〇）。五節舞は、八世紀以前の天武朝に創設されたとしてよいと思われる。

では、五節舞は、どのような意義を持つ舞だったのであろうか。宴酣に参列者の前で行われる舞は、様々な所作で何らかの意思を象徴していると言われる。ここでは、舞われる場と担い手などを手がかりに、五節舞の意義を検討したい。

天平十五年五月、聖武天皇は、天皇位を代々継承させていくために、天武天皇創設の舞を皇太子阿倍内親王から元正太上天皇に奉献させると述べ、元正太上天皇は五節舞は君臣祖子の理を教導する舞ゆえに臣下にも叙位を、と答えた。さらに聖武天皇は次のように詔して叙位する。

天皇が大命《おおみこと》らまと勅《の》りたまわく、今日行い賜い供《つか》え奉り賜う態によりて、御世御世に当たりて供《つか》え奉れる親王等・大臣等の子等を始めて、治《おさ》め賜うべき一二人等選び給い治め給う。是を以て汝等も今日詔りたまう大命のごと君臣祖子の理《ことわり》を忘るることなく、継ぎ坐さむ天皇が御世御世に明《あか》き浄《きよ》き心を以て祖《おや》の名を戴《いただ》き持ちて、天地《あめつち》と共に長く遠く仕え奉れとして、冠位上《あげ》賜い治め賜うと勅りたまう大命を衆《もろもろ》聞きたまえと宣る。

（『続日本紀』）

五節舞儀にもとづき、代々供奉してきた親王や大臣の子どもたちに位を授けるので、君臣親子の理を忘れることなく、今後も代々の天皇に、祖名を負い明浄心で長く仕えるように、と叙位をする。天皇位を戴き持ち父聖武から皇位を継承する皇太子は、親の名を戴き持ち代々仕奉する臣下と同理である、との構造的連関を持つ勅構成となっている。

阿倍皇太子の五節舞についてのは、「皇太子が舞うことのなかに、その政治的意図があまりにも露骨に打ち出されている。それは、排他的に、皇統の保持を建前としており、元正―聖武―阿倍皇太子の、家父長的な序列を、宮廷という場での「礼楽」を通してしめそうとしていた。それは、同時に「君臣祖子の理」を、上から、この例示によって群臣に教えさとそうともくろんでいたのだ」（北山茂夫・一九五九）、と指摘されている。天平十年（七三八）正月十三日に異例の女性皇太子として立太子した阿倍皇太子が、必ずしも貴族官人たち全員の同意を得られていなかったと推察されることは、天平十七年（七四五）聖武天皇が病床にあったとき、橘奈良麻呂《たちばなのならまろ》が、「陛下枕席《ちんせき》安からず、殆《ほとん》ど大漸《たいぜん》に至らむとす。然《しか》も猶、皇嗣《こうし》立つることなし。恐るらくは、変有らむか」（『続日本紀』天平宝字元年七月四日条）と語ったと、奈良麻呂の変で尋問を受けた佐伯全成《さえきのまたなり》が言明したことからよく知られている（佐藤宗諄・一九八二）。

このような阿倍皇太子に対する批判勢力を含めた「群臣」を「内裏」に集め、律令制的官位序列による座次で着座させたなかで挙行された、朝廷儀礼である宴の席上での皇太子自身の舞は、たしかに政治的意義を包含《ほうがん》したものだった。天皇と官人が一堂に会して行われる節会は、律令国家支配者層の共同意識の発揚《はつよう》や宮廷秩序の維持・強化として機能していた（橋本義則・一九九五、神谷正昌・一九九一）。このような意義を持つ朝廷の宴で、聖武天皇と元正太上天皇が、ともに強調した「君臣祖子の理」としての五節舞は、五節舞そのものの意義を明確に示すものといえよう。すなわち、「君」であり「祖」である聖武天皇と元正太上天皇の前で、「臣」であり「子」である阿倍皇太子が、五節舞を舞い、その舞の意義を詔することによって貴族官人たちの批判を押さえ込み、納得させようとした示威行為《じいこうい》だった。五節舞は、「君臣祖子の理」を可視的《かしてき》に表現し体得させるための、臣従・服従を象徴した舞だったのである。「祖」天武天皇創設の五節舞を阿倍皇太子が舞うことは、天武からはじまる皇統を天武―草壁―文武―聖武―阿倍へと継承維持することを群臣に宣言したのである。

伊勢神宮では、外宮《げぐう》で行われる月次《つきなみ》祭と神嘗《かんなめ》祭で、斎宮采女が五節舞を舞ったことが、『止由気宮儀式帳』から判明した。月次祭の最後に、祭に参列した男女全員が、直会殿《なおらいでん》の座について大直会《おおなおらい》を給わる。その後歌等の芸能が披露され、最後に参列男性が御舞《みまい》（倭舞《やまとまい》）を舞う。次に女性が同様に御舞を舞う。その後、斎宮采女が五節舞を舞う。すなわち、外宮の月次祭・神嘗祭の参列者が倭舞を舞うとき、斎宮采女だけが五節舞を舞うのである。

倭舞は、従来、倭地方の舞、あるいは山人《やまびと》の舞等の説が出されていたが、斯波氏は詳細な検討を加えられ、次の点を指摘されている（斯波辰夫・一九八九）。①天皇や皇親との関係がある祭祀において、②祭祀への奉仕者あるいは天皇への供奉者としての祭祀参列資格者が舞人となり、③神事からの解放を意味する解斎舞《げさいまい》として、④天皇あるいは神々への感謝・忠誠・服従の意味が込められていた儀礼的身体表現としての舞だった。たしかに、外宮の月次祭・神嘗祭でも、直会の際に倭舞が舞われ、舞終了後に禄《ろく》が支給されている。感謝・忠誠・服従の意義の倭舞と同じ時と場で、斎宮采女が舞う五節舞は、同様な意義を持っていたと推察してよかろう。月次祭・神嘗祭は斎宮（斎王）の参列が特徴であるが、直会殿にも斎宮が座しており、禄の後に還座《かんざ》している。外宮での祭祀参列者が、順次解斎舞としての倭舞を舞うのに対し、斎宮自身が舞う規定はない。とすると、斎宮采女が舞った五節舞は、斎宮の名代《みょうだい》としての舞だったと推察される。

また、五節舞が王権にかかわる舞だったことは、九世紀になると、天皇が出御しない場合でも、「五節舞の態、なお龍顔《りゅうがん》に向かうの時の如し。禄を給うことまた常の如し」（『文徳実録《もんとくじつろく》』天安《てんあん》元年十一月十三日条）、と天皇に向かって舞うこと、あるいは、天平勝宝四年（七五二）四月九日の東大寺開眼供養での五節舞は、「大御舞《おおみまい》」（『東大寺要録』巻第二供養章第三、開眼供養会）とされていることからもうかがえる。

皇祖神をまつる廟としての伊勢神宮で、天皇の名代として祭祀に関与する斎宮の代わりに斎宮采女が舞う解斎舞としての五節舞と、皇太子が天皇や太上天皇の前で舞う「君臣祖子の理」を象徴する五節舞は、相通じる要素を持っている。すなわち、倭舞と同じく、天皇あるいは神々への感謝・忠誠・服従の意義を持った身体表現の舞と位置づけることができよう。なお、五節舞は「新嘗祭のオープニングとして、それと不可分のもの」（遠藤基郎・二〇〇八）とされるが、本来の五節舞は新嘗祭の最後の宴、すなわち直会で舞われるものであり、むしろエピローグの舞である。

五節舞が、倭舞と同様の解斎舞や、天皇への感謝・臣従・服属舞としての意義を有していたことは、舞の芸態《げいたい》、身体表現からも推察される。倭舞は、一人が舞う所要時間は短く、短期間に教習することが可能な簡単な所作の舞であり、天皇では朝覲《ちょうきん》行幸、臣下は叙位・任官等で祝意・謝意等をあらわす拝舞《はいむ》との互換性を持つ儀礼的性格の舞であった（斯波辰夫・一九八九）。拝舞は袖を左右に振る所作である。五節舞も前述のように、袖をあげる所作である。また、後述するように五節舞の教習時間が短いことも倭舞に通じる。五節舞は、倭舞と同様に、神や天皇に、感謝・服従・臣従・恭順の意を表明する作法として、袖を振り舞う芸態の舞だといえよう。なお、五節舞の位置づけに変化が見られたとの説（黒澤舞・二〇一〇）が出されているが、芸態の変化は考察されていない。

さて、今一度、天武天皇の礼楽導入整備としての五節舞創設に立ち戻ってみよう。中国からの礼制受容は、段階を追ってなされるが、その過程は呪術的な王から、国家的政治権力としての天皇制へという権力集中過程であった（大隅清陽・二〇一一）。礼秩序を伝播浸透させる最適の場として、朝賀などの年中行事儀礼が整ってくるのは天武朝であった。天武十一年（六八二）八月二十二日には、「礼儀言語の状」の詔を出し、翌九月二日には難波《なにわ》朝廷の立礼《りつれい》を採用する。日本固有の匍匐《ほふく》礼と跪伏《きふく》礼をともに停止し、中国式の立礼を採用励行する政策は、畿内豪族の官人化政策とも軌を一にした朝政や朝儀の整備の一環だった（橋本義則・一九九五、新川登亀男・一九九九）。天武朝における国家的礼秩序に則った儀礼整備の一環として、官人を一同に集めた宴の場で、天皇への感謝・服従・恭順の意を象徴する身体表現としての五節舞が創設されたとする理解は、首肯しえよう。

第二節　九世紀の五節舞と五節舞姫

1．宴の舞から新嘗祭の舞へ

八世紀には阿倍皇太子が五節舞を舞った。他には誰が五節舞を舞ったのか。天平勝宝四年（七五二）四月九日に行われた東大寺開眼供養では、「王臣諸氏の五節・久米舞・楯伏・蹋歌・袍袴等の歌舞有り」（『続日本紀』）とあり、「大御舞三十人」（『東大寺要録』巻第二供養章第三、開眼供養会）ともされているので、王臣諸氏の女性が三十人で舞ったことがうかがえる。

弘仁《こうにん》十年（八一九）十二月二十一日付太政官符では、「雅楽諸師数を定むる事、舞師四人〈倭舞師一人、五節舞師一人、田舞師一人、筑紫諸県舞師一人〉（〈〉は割注二行書き、以下同じ）」とあり、官符のなかに大同《だいどう》四年（八〇九）三月二十一日の太政官符を具録したものとあるから、大同四年から五節舞師一人がいたことは間違いない。

さらに、斉衡《さいこう》二年（八五五）八月二十一日官符には、「弘仁十年十二月二十一日格に云わく、舞師四人を定めるの内、五節舞師一員を置く。而《しか》るに件《くだん》の師、徒《いたずら》にその員を設けるも曾《かっ》てその人なし。今、高麗鼓生四人有り、習業の日その師有ることなし、望み請うらくは、かの舞師を停め、此の鼓師を置かん」との要請があり、許可されている。同年十二月二十一日には、「新羅舞師を停め、五節舞師を置くこと」の官符が出される（以上『類聚三代格』巻四）。また、前述の尾張浄足説では、「五節舞十六人」（『令集解』職員令雅楽寮条）とあった。

以前の拙稿で、雅楽寮に五節舞人が置かれており、八世紀の宴ではその舞人が五節舞を舞ったと推察した（服藤早苗・一九九五a）。しかし、①斯波辰夫氏が、尾張浄足説は雅楽寮では教習されないはずの特定氏族の私的な舞もあり、東大寺開眼供養に向けて雅楽寮の状況を書き留めたものとされていたこと（斯波辰夫・一九八九）、②王臣諸氏が舞っていたこと、③斎宮采女が舞っていたこと、④大同四年から五節舞師一人を置いたのに斉衡二年の官符には「曾てその人なし」とあったことなどを勘案して、雅楽寮の舞生だったとした点を訂正したい。むしろ、さほど日常的教習を必要としない簡略な舞であり、天皇への感謝・服従・恭順を表現する舞であったことからして、宴で五節舞が必要な時に、王臣諸氏の女性がかり出され舞ったのではないかと推考しておきたい（保立道久・一九九八）。

ただし、五節舞とは明記されていないが、「女楽《じょがく》」が奏された事例はいくつかある。たとえば、天平十三年（七四一）七月十三日、聖武天皇は新しい恭仁宮《くに》で「女楽・高麗楽《こまのがく》を奏」

させている。また、天平宝字《てんぴょうほうじ》三年（七五九）正月十八日、渤海使らを饗し、「女楽を舞台に作《な》さしめ、内教坊《ないきょうぼう》の踏歌を庭に奏《つかえまつ》らしむ」（以上『続日本紀』）と見える。この「女楽」との関係も検討する必要があろうが、今後の課題にしておきたい。

八世紀の朝廷関係の儀式では、史料としては数回しか五節舞は舞われていない。ところが、九世紀になると大きく変容する。その初見史料は、大同三年（八〇八）十一月十七日である。

甲午、雑舞《ぞうぶ》ならびに大歌《おおうた》・五節舞等を奏す。由貴《ゆき》・主基《すき》両国の国郡司・役夫に物を賜うこと各差あり。

午日に大歌と五節舞が奏されている。三日前の十四日辛卯には「この夜、朝堂院《ちょうどういん》に御して大嘗《だいじょう》の事を行う」とあり、二日前の十五日壬辰には豊楽殿《ぶらくでん》で宴が行われており、前日の十六日癸巳には、「宴飲すること終日」とある（以上『日本後紀《にほんこうき》』）。大同元年（八〇六）三月十七日、桓武《かんむ》天皇が没すると安殿《あて》親王が践祚《せんそ》し、五月十八日即位して平城《へいぜい》天皇となる。大同元年十月から同三年三月まで『日本後紀』が残存しておらず、その間の十一月の新嘗祭は不明であるので、大嘗祭で五節舞が奏された初見史料である。

大歌とは、和琴を伴奏に、朝儀に用いられる神楽《かぐら》歌・風俗歌などの在来歌謡であり、天元《てんげん》四年（九八一）十月二十一日書写の奥書を持つ『琴歌譜《きんかふ》』（陽明文庫蔵）には、大嘗祭・新嘗祭用の「短埴安扶理《みじかはにやすぶり》」に、「をとめ（小女）ども　おとめさびすも　からたま（唐玉）をたもと（袂）にまきて　をとめさびすも」と、前出（第一節3）の『本朝月令』逸文と同様の歌詞が載っている。大歌を掌《つかさど》る大歌所の初見は弘仁七年（八一六）である（『文徳実録』嘉祥三年〈八五〇〉十一月六日条の興世書王卒伝）が、『万葉集』巻六の一〇一一・二番の題詞に「歌儛所《うたまいどころ》」が見え、さらに前述の大仏開眼供養にも大歌が見えるので、八世紀の歌儛所が大歌所に変化したのだろうとされている（永田和也・一九九〇、森田悌・一九九九）。八世紀の五節舞もこの大歌の伴奏によって舞われたのだと思われる。九世紀の大嘗祭でも数日間行われた最後に豊楽殿で大歌により五節舞が舞われたのである。

前述のように、大同四年三月二十一日に雅楽寮に五節舞師一人が定められたのは、前年の大嘗祭以後、新嘗祭でも五節舞を奏する計画だったからだと推察される。実際の新嘗祭での五節舞は、弘仁五年（八一四）十一月二十日壬辰、「侍臣を宴す。五節舞を奏す。禄を賜うこと差有り」（『日本後紀』）が初見である。嵯峨《さが》天皇の命により弘仁十二年（八二一）に成立したとされる『内裏式《だいりしき》』中、「十一月新嘗会式」では、豊楽殿での宴の最後の方に以下のように記されている。

大歌別当大夫、歌者を率い、参入し、座に就く。座定まり、大歌を奏し、五節を舞う〈或いは殿上において舞う。舞台は構えず〉。其れ五節妓《ごせちぎ》一行、西階より下り、垂雨敷の上を南行し台に昇る。導引姫四人以上、両行し前に在り。舞台の階下に到り東西に分かれ座す。

大歌別当に率いられ着座した大歌の伴奏で五節舞が舞われている。舞姫は「四人以上」とあり、大嘗祭五人・新嘗祭四人という人数が当初から定まっていた可能性もある。儀式書の新嘗祭において五節舞が記載されていることからして、大同三年の大嘗祭以降、あるいは嵯峨朝の新嘗祭において恒常的に五節舞が奏されるようになったのだと思われる。

以後、簡略な記述ではあるものの新嘗祭・大嘗祭で五節舞が奏されたことが散見される。弘仁八年（八一七）十一月十九日甲辰、「五位以上を宴す。女楽を奏す。禄を賜うこと差有り」とある女楽は五節舞と考えてよい。弘仁十年（八一九）十一月十八日壬辰、「豊楽殿に御し、五位以上を宴す。五節舞を奏す。禄を賜うこと差あり」（以上『類聚国史』巻九・新嘗祭）など。貞観《じょうがん》年間以降は毎年のように記されるので、清和《せいわ》天皇以降に恒常化したとの説があるが、毎回記さないのは六国史ごとの編纂方針の相違と思われ、『内裏式』の記述からしても平城天皇からはじまり、嵯峨朝から定着したとしてよい。

2. 五節舞姫とキサキ

では、九世紀の五節舞は誰が舞ったのか。このことについては、大変興味深い史料が残されている。延喜《えんぎ》十四年（九一四）二月、醍醐《だいご》天皇に提出した三善清行《みよしのきよゆき》の「意見封事《いけんふうじ》十二箇条」の第五条に五節舞姫が出てくる。

一、五節の妓の員《かず》を減ぜむと請うこと

右、臣伏して朝家五節の舞妓を見るに、大嘗会の時の五人は、皆叙位に預かる。その後年々の新嘗会の時の四人は、叙位に預かるの例なし。これによりて大嘗会の時に至りて、権貴の家、競いてその女を進《たてまつ》り、もてこの妓に充《あ》つ。尋常の年には、人皆辞遁《じとん》して、神事を闕《か》いつべし。ここに新制あり。諸公卿及び女御をして、輪転して進らしむ。その費《ついえ》甚だ多くして、堪え任うること能わず。

伏して故実を案ずるに、弘仁・承和《じょうわ》二代、尤も内寵を好む。故に遍《あまね》く諸家をしてこの妓を択い進らしむ。以為《おもえ》らく選納の便とおもえり。諸家天恩に僥倖《ぎょうこう》して、靡費《びひ》を顧みず、財を尽し産を破り、競いもて貢進《こうしん》す。方《まさ》に今聖朝、その帷薄《いはく》を修め、その防閑《ぼうかん》を立つ。これらの妓女、舞い了りて家に帰り、燕寝《えんしん》に預かることなし。然らばこの妓人数、遂に何の用かある。重ねて旧記を案ずるに、昔は神女来たり舞う。いまだ必ずしも定数あること四五人にあらず。伏して望まくは、良家の女子の嫁せざる者二人を択び置きて五節の妓とせむ。その時服《じふく》・月料《がつりょう》、稍《ようよう》に饒《ゆたか》に給わしめよ。節日の衣装は、また公物《くもつ》を給え。もし貞節にして嫁せずして、十箇年を経ば、女叙に預かり、出し嫁せしむることを聴《ゆる》せ。もし留まりて侍《つか》えむことを願わば、これを蔵人の列に預けよ。その替《かわり》の人を択び置くこと、また前の年のごとくせよ。

（『古代政治社会思想』より一部私に改めた）

五節舞姫は、大嘗祭の五人は叙位に預かるが、新嘗祭の四人は預からないので新嘗祭に舞姫貢進者が集まらず、神事が遂行できないこと、新制が出され公卿や女御に順番で貢進させるようになったが、それでも費用が莫大にかかり堪えられないこと、弘仁（嵯峨天皇）と承和（仁明《にんみょう》天皇）の時代は、内寵を好んだので、舞姫は舞い終わって天皇の燕寝に預かったので諸家は莫大な費用を費やしても選納（選《え》らばれて後宮に納れられること）と思って娘を貢進したこと、しかし、今の醍醐天皇は帷薄（閨房）をただしたので、五節舞姫は舞い終わると自宅に帰ること、といった現状が述べられる。これに対し、以後、良家の未婚女性二人を専任の舞姫にして、俸禄《ほうろく》を支給し、節会の日の衣装代は公的に支給すること、十年たったら叙位をして結婚させるか、希望者は女蔵人として内女房にし、替わりの女性を任命すること、との提言である。

残念ながら、三善清行の提言は採用されず、以後も五節舞姫は、大嘗祭五人、新嘗祭四人が貢進され続けることは、第二章で詳細に検討する。ここでは、九世紀の五節舞姫は、舞い終わると、選ばれた場合には天皇と共寝《ともね》をしたことに注目しておきたい。では、天皇はどのように舞姫を選んだのか。天安元年（八五七）十一月二十三日丙辰の豊明節会である。

豊楽院に御さず。便に冷然院《れいぜいいん》において、公卿に命じ、宴を開く。百寮供張す。五節舞態、尚、龍顔に向かうの時の如し。禄を賜うこと、また常の如し。

翌々日二十五日戊午には

大歌及び五節舞妓を喚《よ》び、歌舞せしむ。おわりて禄を賜うこと差《しな》あり。

と大歌と五節舞姫をよんで歌舞をさせている。二十二日乙卯には「帝、神嘉殿《しんかでん》に御さず、所司神祇官《じんぎかん》に参会し祭事を行う儀、常の如し」（以上『文徳実録《もんとく》』）とあり、中和院の神嘉殿で行われる新嘗祭に出御せず、神祇官と関係者に行わせている。二十三日の豊明節会は大内裏の豊楽殿ではなく、冷然院で行われた。舞姫たちは玉座に向かって舞を舞ったのであろう。通常の節会では、豊楽殿の玉座に座す天皇は常に舞姫たちを見ることができたはずである。なお、十世紀には新嘗祭の前日の寅の日に天皇の前でリハーサル的な御前試が行われるが、文徳天皇は豊明節会の翌々日に舞姫たちをわざわざよび舞わせているので、御前試は行われていなかった可能性が高い。

実際に、五節舞姫から天皇の燕寝に侍り、キサキとなった女性が確実にいた。二条后藤原高子《たかいこ》である。

諱《いみな》高子、中納言贈太政大臣従二位藤原長良《ながら》二女、母紀伊守従五位上総継《ふさつぐ》女なり。貞観元年十一月二十日、従五位下に叙す〈五節舞姫〉。（『古今和歌集目録』皇后）

貞観元年（八五九）十一月二十日に従五位下に叙位されており、五節舞姫との注記がある。前年即位した清和天皇の大嘗祭は、貞観元年十一月に行われ、十九日庚午には、天皇が豊楽殿に御し、百官を宴し、田舞・久米舞・吉志《きし》舞・倭舞等が奏され、「夜に入り、宮人の五節舞は並べて旧儀の如し。宴おわりて絹綿を賜ること各《おのおの》差あり」、とある。さらに、二十日辛未には、「無位源朝臣高子《こうし》、橘朝臣常子《じょうし》、藤原朝臣継子《けいし》、藤原朝臣高子、藤原朝臣栄善子《えいぜんし》、百済王香春《くだらおうのこうしゅん》、笠朝臣遠子《えんし》並べて従五位下」（以上『三代実録』）と叙されたなかに藤原高子がいる。無位から従五位下に叙爵された女性は七人いるがこのなかの五人は、五節舞姫だったと推察される。

ただし、この大嘗祭の時、清和天皇は十歳でありいまだ元服しておらず、高子がそのまま燕寝に侍って共寝したかどうかは不明である。しかし、『大鏡《おおかがみ》』には、「この后の宮の、宮仕ひしそめたまひけむやうこそおぼつかなけれ」（上、陽成院《ようぜいいん》）、と入内した事情がわからないと描写されており、事実、入内史料が残っていないことからして、五節舞姫から「選納」されたのだと考えられる。なお、藤原高子の生涯は、角田文衛氏の論文が参考になる（角田文衛・一九七〇）。高子の父長良は、従二位権左衛門督で、斉衡三年（八五六）五十五歳で没している（『文徳実録』）。公卿の実女子が五節舞姫だったことに注目しておきたい。

では、いつ、なぜ、天皇と五節舞姫との共寝が中止されたのか。宇多《うだ》天皇が寛平九年（八九七）七月の譲位に際して、皇太子敦仁《あつひと》親王（醍醐天皇）に与えた訓誡書『寛平御遺誡《かんぴょうごゆいかい》』にその事情が記されている。

毎年の五節舞人の進出、彼の期日迫り経営尤も切なり。今、すべからく公卿の中、二人を貢がしむべし。その子にあらずと雖《いえど》も、必ず求め貢がせしめよ。殿上一人、人を選び之を召せ。当代の女御又一人を貢げ。公卿・女御次《ついで》により之を貢げ。おわりて復《また》始めよ。以て常事となせ。すべからく十月に入りて即ち召し仰すべし。各身、前に在りて用意せしめ、故障有ることなからしめよ。時に臨み取り替えよ。比年、朕の煩う所、ただこの事にあり。よりて、新君誡めよ。（『古代政治社会思想』所収・逸文を書き下し）

宇多天皇にとって、毎年の五節舞姫を誰に貢進させるか、頭を悩ます事項だったことがうかがえる。この時の舞姫貢進者とした公卿二人・女御一人・殿上一人が、三善清行の「意見封事十二箇条」にあった「新制」に当たる。公卿も自分の子でなくてよいとしている。

宇多天皇にとって頭を悩ましたのは燕寝に侍らす舞姫を選択することであり、大変だったのであろう。宇多天皇即位直後の阿衡《あこう》の紛議《ふんぎ》に見るように、天皇と藤原基経《もとつね》の確執は周知のところである。寛平三年（八九一）基経が五十六歳で亡くなると菅原道真を蔵人頭《くろうどのとう》に任じるなど、人事面でも独自性を発揮するが、有力貴族層との関係維持は考慮せざるをえず、五節舞姫のなかから共寝相手を選択するのは、相当な政治的配慮が必要だったと思われる。政治力を発揮しつつある藤原氏以外の貴族の女性たちとの性関係によって生じる基経たちとの軋《あつ》轢《れき》を政治的に回避するためにも、かつての伝統を自身も中止し、後継者たる醍醐天皇にも厳禁したのではないかと思われる。ゆえに、「公卿・女御次により之を貢げ」と、「次」すなわち「巡」方式で、全員に強制的に割り当てる巡役方式を採用したのである。

なお、旧稿では、五節舞姫との共寝関係を、采女の伝統との関係で仮説をたてたが、本書では紙数の都合もあり、その部分は除外した。そのため、なぜ、どのような歴史背景で、五節舞姫と天皇が共寝をするのか、は詳述できなかった。旧稿を参照してほしい。

五節舞姫献上は、以上のように十世紀初頭から大きく変容する。第一に、都市貴族層との服属儀礼的側面は切り捨てられ、公卿層や「殿上」の天皇側近貴族たちに「巡」「公役」として割り当てるようになったことである。詳細は次章以下で検討する。この背景には、天皇との関係をより強固にする「宮廷社会」の成立があった（古瀬奈津子・一九九八）。

第二章　五節舞姫献上者と舞姫

第一節　献上者規定の変遷

1. 献上規定

第一章で見たとおり、延喜十四年（九一四）提出の三善清行の「意見封事十二箇条」の時点では、新嘗祭では四人、大嘗祭では五人の舞姫が舞うことになっていた。そのなかの献上者について記していた「新制」とは、宇多天皇が、寛平九年（八九七）七月に譲位にあたって皇太子敦仁親王（醍醐天皇）に与えた『寛平御遺誡』にあった、公卿二人・女御一人・殿上一人の四人の規定である。公卿は実子でなくてもよいこと、公卿・女御は輪番《りんばん》で貢上すること、が記されていた。同年十一月七日、「五節舞姫、公卿進るべきの由、仰せ下されおわんぬ」（『年中行事秘抄』）と公卿への進上が命じられている。これは宇多上皇訓誡にもとづいての命であろう。十一月七日の進上命令発令は日程的には少し遅いが、以後は早くなることは後に検討する。

この時は、「当代女御」とあるが、天暦《てんりゃく》元年（九四七）前後に村上天皇によって勅撰された『清涼記《せいりょうき》』の逸文には、次のように記されている。

三日以前、五節舞姫点定のこと〈注記略〉
蔵人頭仰せを奉《うけたまわ》りて、五節舞姫を献ずべきの公卿を召し仰す〈或いは親王之を献ず〉。ただし、后妃・女御・尚侍《ないしのかみ》之を献ずべくば、別に中使を遣わし、仰せ示さしむ。又殿上舞姫は、四位五位の女子有るの者を召し仰す〈殿上舞姫、或いは二人、或いは之無し〉。

（『政事要略』巻二十五、年中行事十月）

献上者として公卿、親王、后妃・女御・尚侍、殿上が規定されており、后妃と尚侍が加わっている。寛平九年の段階では、女御しかなかったので、追加されたのである。尚侍が含まれているのは、当時、天皇の外戚集団の要として重要な女性たちであり、公卿等と同じ性格の重鎮的職位だったからであろう（加納重文・二〇〇八）。殿上舞姫は、四位・五位で、女子有る者に献上させるとある。殿上は実女を舞姫にすることが要請されていた。

では、殿上とは誰だろうか。『西宮記《さいきゅうき》』には、次のように記されている。

五節舞姫を献ずる人々を定める事〈頭、硯紙等を持ち、御前に候じ、之を定む〉。
上御五節は、受領《ずりょう》・弁官《べんかん》の女子有る輩《ともがら》に仰せらる〈或いは二人、式部大輔《しきぶたいふ》在昌《ありまさ》、上御五節を献ず〉。后宮・親王・尚侍・女御・諸卿等之を献ず。大嘗会の年は五人、爵に預かる。諸卿・受領は、その身を召して仰す。余は勅使、一定の後、各々例に依り、料物を請く〈五節を献じる所々請奏を進る〉。

〈恒例・十月・五節定〉

「上御五節」は、受領や弁官で実子がある者が仰せられている。これは、『清涼記』の「殿上舞姫」と対応しており、四位・五位の受領や弁官で実子ある者が献上者となる。この「上御五節」は、「うえのおんごせち」と訓《よ》み、天皇の五節という意味であり、「本来は受領・弁官に限るものではなかった。しかし舞姫は負担が重いため、比較的禄の厚い弁官や富裕な地方官である受領が指名されるようになった」とされている（佐藤泰弘・二〇〇八）。

さらに、長保五年（一〇〇三）「九月四日、五節を献ずべき公卿・受領等の員数、はじめて定めらる事」（『小記目録』第七・十一月・新嘗会事〈付五節雑事〉）と、五節を献上する公卿・受領の員数がはじめて定められた、とある。この時に公卿二名・受領二名の基準が決められたようである。

寛平九年の「新制」は、公卿・女御で三人、殿上が一人だったが、十世紀中頃には、親王や后宮・尚侍にも献上が命じられる。五節舞姫献上は負担が重いので、天皇自らも「殿上」分によって負担を担おうとした。殿上五節とは、天皇に代わって殿上の侍臣が供出する舞姫であり、蔵人や殿上人として天皇に近侍した受領たちが殿上五節供出者となっていたが、長保五年に基準が定められた。実態的には、後一条天皇の頃から受領に限られるようになり、近臣による奉仕という性格を失い、受領一般に課せられるようになった（佐藤泰弘・二〇〇八）。莫大な費用が必要な五節舞姫献上者として、裕福な受領層に割り当てるようになり、十一世紀前後には、とりわけ人事権に絶大な力を持つ藤原道長一家の家司《けいし》受領層が多かった（三上啓子・二〇〇一、寺内浩・二〇〇四）。

　五節舞姫献上者一覧を見ると、実際の献上者で尚侍はいない。もっとも、十世紀の残存史料が少ないので、献上した可能性も高いが不明である。残存史料からは、女性の献上者は、天慶元年（九三八）の皇太后藤原穏子《おんし》、天元《てんげん》元年（九七八）一品資子《しし》内親王、永延《えいえん》二年（九八八）皇太后藤原遵子《じゅんし》、永祚《えいそ》元年（九八九）太皇太后昌子《しょうし》内親王、正暦《しょうりゃく》四年（九九三）皇后藤原定子《ていし》、長保二年（一〇〇〇）中宮藤原彰子《しょうし》の六名である。彰子以降女性は献上しなくなる。十世紀の公卿と女性の献上者は、四十六人であり、そのなかで六人が女性であり、十三％になる。中宮・皇后・皇太后・太皇太后や内親王が経済力を保持し、公卿と同等な政治的経済的位置を占めていたことがうかがわれるが、十一世紀以降は皆無になる。女性が経済力も政治力も後退させていく象徴でもある。

　十世紀には、公卿層が圧倒的に多かったが、十一世紀前半の後一条天皇の時代から、公卿二名・受領二名にほぼ定着していく。ただし、受領が三名の場合もかなりある。院政期には、実質的には知行国主による献上もあるが、この点に関しては、今後の課題にしておきたい。

2. 献上者決定過程

では、舞姫献上者はどのように決められたのか。宇多天皇の『寛平御遺誡』には、「須《すべから》く十月に入りて即ち召し仰すべし。各身、前に在りて、用意せしめ」とあった。また、『清涼記』逸文には、「三日以前、五節舞姫点定の事」（『政事要略』巻二十五、年中行事十月）とあり、十月三日以前に決定することになっていた。また、公卿と殿上は、蔵人頭が召し仰せるが、后妃・女御・尚侍には、中使《ちゅうし》を遣わして仰せ示す、と規定されていた。実際にも、延《えん》長《ちょう》二年（九二四）十月二日、「頭朝臣来たる。五節を進るべき事を仰す」（『貞信公記抄』）と、蔵人頭が左大臣藤原忠平邸にきて、五節舞姫献上を伝えている。なお、五節舞姫献上の一連の儀式は、蔵人所の統括で行われ、蔵人頭が統括責任者だった（『江家次第』巻十、五節帳台試）。

ところが、康保二年（九六五）村上天皇は、「九月中下旬、舞姫を献ずべき事を仰せしむ。例は十月朔を以て之を仰す。而るに今年は新嘗の会期すでに早し。よりて、今日仰せしむ」（『西宮記』十月・五節定所引『村上天皇記』逸文）と、九月中下旬に決定している。翌年にも、九月二十七日には、次のように記している。

蔵人永頼《ながより》を前大弐《だいに》小野朝臣宅に遣わし、老病と称し五節を奉るべきを申さざるの由を問う。永頼来たりて申していわく、相重なる仰せの旨、須く五節を奉るべし、と。

（『西宮記』十月・五節定所引『村上天皇記』逸文）

二十七日以前に五節定があり、参議小野好古《よしふる》宅に使者が出されたものの、老病と称し五節献上を辞退したのを、村上天皇自らが蔵人を遣わし、半ば強制的に献上を承諾させたようである。小野好古（八八四〜九六八）は、当時八十三歳だから老病でもおかしくはないが、それでも辞退できなかった。以後、『北山抄《ほくざんしょう》』にも「近例、九月に定め仰す」（巻第二・年中要抄下、十月）と九月に五節定が行われている。

五節定は、「頭、硯紙等を持ち、御前に候じ、定む」（『西宮記』十月）とあり、天皇の前で決定される規定だった。実際に、村上天皇の日記からも推定される。摂政が置かれた場合には、摂政の直廬《じきろ》で決定する。寛仁《かんにん》元年（一〇一七）十月四日の『左経記』である。

今日、摂政殿御宿所において、五節舞姫を献ずべきの人々を定めらる。

前年正月に践祚《せんそ》した後一条天皇は十歳、摂政は藤原頼通《よりみち》二十六歳である。

その後、五節定史料が残っているのは、治安《ちあん》三年（一〇二三）九月十日で、「内の議と云々」（『小右記』）とあるから、関白《かんぱく》就任以後は、天皇御前で決定した。しかし、この時献上者に決まった中納言藤原隆家《たかいえ》は、「故障を申し、五節を献ぜず。太相府（公季）に仰せらる」（『小右記』閏九月十日）とあり、太政大臣藤原公季に変更されている。

万寿二年（一〇二五）九月十二日、藤原経通《つねみち》が藤原実資《さねすけ》のもとにやってきて、「昨夕禅門《ぜんもん》（道長）において、五節舞姫を献ずべき人々を略定された。そのなかに実資も入っている」と伝えている（『小右記』）。道長は寛仁三年（一〇一九）三月に出家していたにもかかわらず、実質的に五節舞姫献上者を決定している。舞姫献上者に決定した実資は、その日から着々と準備するが、実際に蔵人が舞姫献上者決定を告げにきたのは十月十八日だった。「去月定めらるるに、今日来たり告ぐるは極めて奇怪なり。よりて相逢わず。ただ、奉る由を申せしむ。至愚《しぐ》と謂うべし」と怒っている（『小右記』）。長元《ちょうげん》二年（一〇二九）八月三日には、養子の藤原資平《すけひら》が「美作守資頼《すけより》五節の事を関白に申す」ともう一人の養子藤原資頼が献上者になったことを実資のもとに伝えており、八月に内々に関白頼通と申し合わせている。寛治《かんじ》元年（一〇八七）七月七日、蔵人藤原為房は、右大臣源顕房《あきふさ》に舞姫献上を伝えており（『為房卿記』）、次第に内定は早くなっている。

院政期になると、実質的には院が決定するようになる。天永《てんえい》三年（一一一二）九月五日、忠実の日記である。

九月五日　頭弁（藤原実行）院より来たる。五節の国々沙汰有り。

十月二十三日　余、宿所に下り直衣《のうし》を着す。今夜五節・臨時祭の定めあり。（『殿暦』）

鳥羽天皇は十歳、翌年正月元旦に元服する。摂政忠実は三十五歳、翌年十二月関白にうつる。

五節献上者を決めるために、頭弁が白河院の意向を聞いたうえで、摂政忠実が決定している。

院の都合で五節定を早めることもある。仁安《にんあん》二年（一一六七）八月三十日、蔵人頭平信範《のぶのり》は、後白河院《ごしらかわいん》・前太政大臣平清盛《きよもり》・摂政藤原基房《もとふさ》を次々にまわり、九月には後白河院が熊野詣に出かけるために、八月末に院・摂政と平清盛の三人で実質的決定を行う。十月十九日、摂政基房が内裏で五節定を行い、定文《さだめぶみ》が書かれる。

五節舞姫を献ずべき人々

殿上〈太皇太后宮亮経盛《つねもり》朝臣、出雲守朝時《ともとき》〉

左大臣

治部《じぶ》卿藤原朝臣

仁安二年十月十九日

ただし、後白河院が熊野から帰京した後、この定めがあったが、摂政が御咳病《がいびょう》だったので参内できず、今日になったので後には先例にしないように、と記されている。六条《ろくじょう》天皇は四歳であった。なお、十月二十四日、出雲守藤原朝時は養父顕長《あきなが》の喪に服することになった。十一月四日には、伊豆守源仲綱《なかつな》等が全員辞退したため、保安《ほあん》三年（一一二二）藤原顕隆《あきたか》が妻の服喪中でも五節を献上した先例を踏まえ、朝時の献上を院が決定している（以上『兵範記』）。

五節献上者の決定には難渋することが多かった。治承《じしょう》元年（一一七七）八月二十五日には、五節所奉行になった頭中将藤原定能《さだよし》が右大臣藤原兼実《かねざね》邸にきて、「未だ領状を取らず。公卿は成範《なりのり》卿の領状、今一人は未だ催し得ずと云々。受領の文、各難渋と云々」と告げている（『玉葉』）。院政期になり、より華美になり娯楽性が増してくると、なおさら献上者は難渋する。

第二節　実際の舞姫献上者

1. 新任参議と受領

五節舞姫献上には、莫大な費用がかかり、決定された少なからざる者が、すでに見たように辞退をしたり、あるいは日記に愚痴《ぐち》を書き連ねている。それほど、負担が大きかったのである。そのためもあり、献上者決定にはある程度のルールができていた。まず、参議《さんぎ》等への昇任者が献上というルールが早くから了解されている。天慶二年（九三九）十月二日、「五節舞妓を貢ぐべき事、新任宰相四人に仰す。皆、承る状、使朝忠《ともただ》朝臣、仰せらるる事あり」（『貞信公記抄』）、と新任宰相（参議）四人が献上者に命じられている。藤原元方《もとかた》五十二歳、源高明《たかあきら》二十六歳、伴保平《とものやすひら》七十三歳、藤原敦忠《あつただ》三十四歳の四人で、全員八月二十七日に参議に任じられている（『公卿補任』）。

永祚元年（九八九）二月二十三日に参議に昇進した藤原実資三十三歳は、九月二日、「今日、いささか五節雑事を定む。今年、必ず献ずべきによるなり」と自身で早くから準備をする。九月十九日には、「今日盃酒《はいしゅ》の間、摂政密かに語りて云わく、『汝五節を献ずべし。一事を補《ほ》綴《てつ》すべし』てえり」（『小右記』）と摂政藤原兼家から耳打ちされており、二十一日には蔵人左少弁源扶義《すけよし》がやってきて正式に五節舞姫献上が命じられている。

参議以外でも昇進したときには、当年か翌年、あるいは数年後、献上が命じられる。長《ちょう》徳《とく》元年（九九五）九月十七日、右大臣藤原道長、大納言藤原公季、参議源俊賢《としかた》、殿上藤原理《まさ》兼《かね》の四人が決定した。道長と公季は六月十九日、俊賢は八月二十九日に昇進し、理兼は正暦四年（九九三）に越後守に任じられたと見られる（『権記』『公卿補任』等参照）。『枕草子』にあった酒に酔った殿上人たちが「つかさまさりと　しき波ぞ立つ」と歌っていたのは（序章2）、新任参議や官位昇進者の献上者への祝い歌だったことが判明しよう。

献上者となる公卿がいない場合、新たに昇任人事が行われることさえある。大治《たいじ》二年（一一二七）十月二十六日の藤原宗忠《むねただ》の日記である。十月十六日、頭中将藤原忠宗《ただむね》は、中納言藤原実隆《さねたか》四十九歳が薨《こう》じたため、この年の五節献上者に決まっていた実隆の二人の弟権中納言通季《みちすえ》三十八歳と権中納言実行《さねゆき》四十八歳が喪中になってしまい、権大納言藤原宗忠六十六歳と権大納言源能俊《よしとし》五十七歳に献上するようにとの白河院よりの打診を伝える。「謹んで承り了んぬ。ただし、期日近々、万事叶わずか」と応諾するが、頭中将忠宗は、「ただし、万寿三年、冬十月六日、五節を献ずべき人がまったくなかったときに、にわかに公卿昇任を決定しましたが、それは天暦三年（九四九）の例を踏襲したということで、師房《もろふさ》を権中納言、公成《きみなり》を参議に昇任し、ともに五節を献じた先例がありますと、人々が院に申しあげましたが、まったく御承引なさいませんでした。これは私の不祥の為です」と付け足した。「近日中納言二、参議三闕《けつ》の比なり。いかん」と宗忠は記す。たしかに「朝家の大事」ではあるが、すでに数度献上したのに、「貧道人に仰せ下さらるる条、誠にもってたえ難し」と嘆く。そのため、「中納言が二、参議が三、空きがあるのだから、昇任人事をして舞姫を献上させればよい」、と近臣が提言しているのである（以上『中右記』）。

万寿三年（一〇二六）十月九日、権中納言源師房十七歳と参議藤原公成二十八歳が献上者に決まったが（『左経記』）、たしかに十月六日に二人が昇任している（『公卿補任』）。残念ながら天暦三年（九四九）の五節関係の史料は残っておらず、しかも『公卿補任』にはその年の昇任者は見えない。ただし、十二世紀には、五節献上のための昇任人事が十世紀からはじまったと認識されていたことはたしかめられよう。早くから五節舞姫献上者獲得のために、公卿たちを昇任する手法がとられていたのである。

久安《きゅうあん》元年（一一四五）十一月十七日戊子、夕方に臨時除目《じもく》があり、三位中将藤原忠雅二十二歳が参議に任じられたが、「五節を献ぜしむがためなり。他の公卿固辞すと云々」と藤原頼長《よりなが》が記している。じつは、十月二十四日に、頼長に五節を献上するよう告示されたが、今年は障りがあるので後年献じると、天皇に奏上し辞退している（『台記《たいき》』）。それにしても、十一月十八日己丑が舞姫参入日である。二日間で準備ができたのか。忠雅は、十歳の時父忠宗を亡くし、母方伯父藤原家成《いえなり》が婿《むこ》としていた。家成は鳥羽院の寵臣として威勢を振るった人物なので、二日間で突貫準備を行えたのであろう。

さらに、「巡《じゅん》」が決まっていた。宇多天皇の遺誡でも、「公卿・女御次《ついで》により之を貢げ」（『寛平御遺誡』）と巡で献上するように命じられていた。前述の万寿二年（一〇二五）九月十二日に、道長が略定したなかに実資が入っていた。左兵衛督公信《さひょうえのかみきみのぶ》が「巡」に当たるのになぜ献上しないのか。実資は養子の資平を道長のもとに遣わしたところ、公信は触穢《しょくえ》で他の候補者も服喪中等で無理なので献上するように、と道長から命じられている。すなわち、公卿層では基本的に「巡」が決められており、献上できない事情があるときに変更されたようである。

受領層でも、まずは初任者による献上が検討されたようである。応保《おうほ》元年（一一六一）九月三十日、頭中将藤原忠親《ただちか》は、五節献上者を沙汰《さた》するように二条天皇からの勅命をうけ、未役の人々を折紙《おりがみ》に書いたが、受領は「遷任国司等なり。ただし、便無き人幾ばくならず。仍りて初任の人少々書く」（『山槐記《さんかいき》』）とあり、初任国司を候補に挙げている。公卿と同様に初任国司が候補だったことがうかがえる。

2．献上回数

では、一人が何回献上するのか。五節舞姫献上者一覧からは藤原実資が一番多い。一回目は、永祚元年（九八九）三十三歳・参議に昇任した年、二回目は長保元年（九九九）四十四歳・三年前に中納言、三回目は寛弘《かんこう》八年（一〇一一）五十五歳・二年前に大納言、しかしこの年は十月二十四日に冷泉上皇が崩じたため中止になる。四回目は万寿二年（一〇二五）六十九歳・四年前に右大臣、五回目は長暦《ちょうりゃく》三年（一〇三九）八十三歳・二年前に従一位、である。実質的には四回の献上となる。最後の献上では、養孫の藤原資房《すけふさ》が『春記《しゅんき》』で次のように嘆いている。

右府献ぜらるる五節の事、万人請けず。或る説には望み給うの気ありと云々。（中略）右府五節を献ぜらるるの事甚だ不便の事なり。（十月十日）
右府五節を奉るの事、衆人謗訕《ぼうせん》（そしること）すと云々。辞し申さるべき事なり。八十六《ママ》の人、はなはだ見苦しき事と云々。又人々更に物を献ぜずと云々。老乱《ろうらん》し給うに依るなり。はなはだ不便の事と云々。（十月二十七日）

次節で述べるように、五節舞姫献上には、一家集団の男性官人が実質的に経営に参画し、さらに様々な用途物も課せられるから、負担は大きかった。日記に愚痴を記すことの多い資房の資質を差し引いても、やはりはた迷惑だったのであろう。一方、八十余歳の実資にとっては、公卿になってから三回の舞姫献上の晴れがましさが脳裏にあり、自分から手をあげたようである。

院政期には、大治二年（一一二七）に献上した藤原宗忠が、自分で振り返っている。前述のように、この年は、八月に後冷泉《ごれいぜい》天皇の皇后だった太皇太后藤原寛子が九十二歳で、十月に中納言藤原実隆が四十九歳で薨じ、大勢の公卿が服喪中になり、ついに宗忠にまわってきた。無事五節行事を終えた十一月十八日辰日の感慨が『中右記』に記されている。

五節四ケ日間なり、風雨の障り無く、尤《もっと》も欣感《きんかん》すべきか。下官、五節を献じること三カ度、康和二年〈参議左大弁の時〉、永久二年〈別当左兵衛督中納言の時〉、今度大治二年〈大納言の時〉、三カ度舞姫を献ずること、頗《すこぶ》る有り難き事なり。

康和《こうわ》二年（一一〇〇）三十九歳・前年参議、永久《えいきゅう》二年（一一一四）五十三歳・前年左兵衛督、大治二年六十六歳・権大納言になってから五年である。その後宗忠は、保延四年（一一三八）

七十七歳で出家し、永治元年（一一四一）八十歳で薨ずる。長寿でも経済的負担が大きいので、晩年には免じられたのであろう。宗忠の感慨からは、無事五節を献上することが、上層貴族層（公卿層）にとって誉れであったことがうかがえよう。

第三節　舞姫献上者の経営

1．摂関期の経営と経費

延喜十四年（九一四）に三善清行が醍醐天皇に提出した「意見封事十二箇条」には、天皇との共寝がなくなった舞姫でも大嘗祭の時には叙爵されたので権貴の家は競って女を進めたが、尋常の年には人々が遁辞《とんじ》したので神事を欠くことになった。そのため新制を出し、諸公卿及び女御に巡に進上させることになったが、「その費甚だ多くして、堪え任うること能わず」、とあった。また、良家の未婚の女子二人を五節妓とし、給与をたっぷり与えて、十年したら叙爵して結婚することを許すように、と清行が提案したが受け入れられなかった。

安和二年（九六九）二月十四日、五節舞姫を献上した公卿には年給の二合を許す宣旨が出される（以下『政事要略』巻二十六、年中行事十一月中卯日新嘗祭より）。

謹んで案内《あない》を検ずるに、大臣已下、参議已上、勤める所の公役《くやく》、専ら差別なし。賜る所の封禄《ふうろく》、甚だ以て懸隔《けんかく》なり。それ参議の封は、只六十戸、仍て勤労を優せんがために、殊に兼国を賜る。而るに諸国の公廨《くがい》、多くは減省を申し、本数を挙げる事なし。処分の率已《すで》に少なし。国司の員倍《かず》多し。適《たまたま》、当たる所の料、ややもすれば物貧を致し、急用を支え難し。就《なかんずく》中五節の事、費やす所少なからず。彼の茅土《ぼうど》高貴の家、なお資産を傾けて労多し。（中略）奏請の旨、尤《もっと》も許容すべし。そもそも五節舞姫を奉ること宰相の職に非ず。納言已上、同じくこの事を営む。自今以後、大臣已下参議已上、今年五節舞姫を献ずる者、その明年給いて殊に二合を許せ。但し納言以上は、もし二合年に当たらば、他年に廻し充てよ。立てて恒例となせ。

五節献上は、「公役」であり、「封禄」で経営されているが参議の給料である封戸や位季禄は、少なく、しかも規定どおりの支給がないこと、兼国で優遇されていたが国から分配される公廨が少なく、高家でも家産を傾けるほど費用がかかったこと、がうかがえる。その結果、五節舞姫献上の翌年に、二合が許可されている。

二合とは、年官として給される二分官である目《さかん》一人と一分官である史生《ししょう》一人を合わせて、三分官である掾《じょう》一人の任命を申請することをいう。二分官や一分官では希望者がいないので売れない。三分官なら希望者があり高く売れるので収入になる。これが許可されたのである。実際にも、二合申請史料は結構ある。

五重名替中文

正六位上藤原朝臣光正

右、去る天禄三年五節舞姫を献ずるにより、同四年給二合（中略）

天延三年二月二十日　　参議従三位行左衛門督兼但馬権守源朝臣重光

（『除目申文抄』『大日本史料』一編之十五）

源重光《しげみつ》は天禄三年（九七二）に五節を献上したので、翌年に二合申請している。残念ながら天禄三年の五節関係史料は残っていないが、献上者の一人はこれで判明する。

では、実際にどのように五節舞姫献上が経営されたのか。以前に検討したが（服藤早苗・一九九二）遠藤論文も参照しつつ（遠藤基郎・二〇〇八）、具体的に見ていきたい。万寿二年（一〇二五）藤原実資が献上した際には大変詳細な日記が残っているので、少し丁寧《ていねい》に見ていこう。以下の史料は、『小右記』からである。

九月十二日、実の甥の参議藤原経通がきて告げる。昨夕、道長が五節舞姫献上者を決めた。本来は権中納言藤原公信《きみのぶ》と同藤原朝経《ともつね》が巡に当たるが、公信の障りを認めて、代わりに実資に決定したという。養子の参議資平を道長邸に遣わし、公信は兄斉信《ただのぶ》女が八月二十九日に亡くなったので触穢に籠もっており、次の巡の内大臣藤原教通も八月五日に亡くなった妹の東宮妃藤原嬉子の服喪中だったので、実資になったことを確認してくる。

実資は、早速、資平と経通を集め、この日から五節舞姫献上のために必要な品物、すなわち用途物を集めるなどの経営を開始する。当時は、実資を長とする小野宮一家の主要な官人たちが、一家の行事の経営を行っていた（服藤早苗・一九九一）。まず、厨家別当《ちゅうけべっとう》らしい小《お》槻貞行《づきのさだゆき》を召し、「国々に俸料官符《ほうりょうかんぷ》を成すべき事」を仰せる。この俸料官符については、それまで厨家に留保していた俸料を、五節経営のために少額ずつ諸国に供出させる手続き、とされている（渡邊誠・二〇〇五）。翌十三日に貞行から俸料官符ができたことが通知され、十四日に俸料官符の請印がなされ、十五日には、「俸料官符を国々司所に頒《わ》かち遣わす」と各「国司所」に官符が配布される。「国司所」とは、京庫《きょうこ》とよばれる京内にある国司（受領）の倉庫や事務所だから、そこに配布されたのである（中込律子・二〇一三）。そこから実資第に進上されることになる。

表1は、五節献上に際して実資が受け取った物資をまとめたもので、いくつかに分類される。

第一は俸料である。俸料官符で割り当てられた国の受領からの納入物である。十月二十七日、備後守橘義通《よしみち》から「俸料代絹二十疋」が送られてきたが、「麁悪《そあく》ことに甚だし。充《あ》て用いるべからず。よりて、返し給わしむ。米を以って弁じ進むるの例なり。就中この絹、紗の

表1　万寿2年藤原実資献上の経営

日月	調達物・方法	分類	調進者	結果
9月12日	俸料官符作成		大夫史小槻貞行に命じる	9月13日　俸料官符了 9月14日　官符請印 9月15日　俸料官符国々所に頒遣
9月12日	丑日舞姫装束を要請		和泉守章信（権左中弁）	11月11日　舞姫装束
9月12日	寅日装束を要請		大蔵宰相通任	11月11日　寅日舞姫装束
9月13日	童女袙4重を要請		左大弁定頼	9月14日　承諾 9月15日　父公任が代行連絡
9月13日	下仕4人装束を要請		大和守保昌	10月30日　妻没で辞退
9月13日	童女装束	贈	右兵衛督経通	※本人からの申し出
9月14日	白木几帳10基・白木炭取1口 下仕釵子・本結等を要請	志	前美濃守頼任	※下仕の釵子等は要請
9月15日	桑糸・蘇木を要請	志	大宰大弐惟憲	10月26日に進上物文書、11月2日　絹100疋（檳榔は後日）
9月19日	唐錦茵を要請		関白頼通	※資平が関白第に詣り要請
9月20日	辰日舞姫装束袙袴 朝餉・衝重	贈	左衛門督兼隆	※朝餉は止めるように返答 11月14日　袙料・朝餉
9月26日	手作布100端	俸料・志	上野介家業	※50端は俸料？
10月1日	丑日舞姫装束	贈	内大臣教通	※10月2日に登任を送り謝す 11月11日に送る
10月4日	絹50疋・紅花30斤・鴨頭草3帖	志	甲斐守公業	

10月8日	上品白糸10絇	志	前美濃守頼任	
10月8日	綿30屯	志	丹波守経頼	
10月17日	綿20屯	俸料・志	美濃守頼明	※俸料の数は不明
10月18日	(絹)10疋	俸料・志	紀伊守貞光	
10月18日	絹33疋	俸料・志	尾張守則理	※3疋八丈、10疋俸料カ
10月18日	絹50疋		尾張庄	
10月23日	絹10疋・鴨頭草移1帖・風物俸料	俸料・志	阿波守義忠	
10月27日	絹20疋	俸料	備後守義通	※粗悪品なので返却・米で弁進を命ず
10月29日	米100石	俸料・志	備前守経相	※俸料外
11月5日	桑糸60疋	俸料・志	但馬守実経	※10疋俸料・50疋志、良い絹・父行成の諷諫カ
11月8日	手洗・棇・小又・杉函		越後守隆佐	
11月9日	下仕袴2領料		河内守為政	※前日4領要請、2領進上。2領は家で調進
11月10日	漆物台4本・手洗2・盤3枚	志	因幡守道成	
11月10日	絹10疋・支子10石		平惟衡	※先日袴4腰を要請、定と違う奇
11月10日	贄		国々・僧俗	
11月11日	舞姫装束	贈	太皇太后彰子	
11月14日	舞姫日影蔓・扇2枚	贈	宰相朝任	
11月14日	大師前(膳)・禄	贈	大納言頼宗	
11月20日	絹20疋	志	周防守俊遠	※要請しないのに進上。芳心有り

如し。未だかくの如きの絹有らずと云々」と、粗悪品の絹を送ってきたので返却している。九月二十六日には、「上野介家業《いえなり》、手作布百端を「志」すなり。俸料と注す。五十端選びつかわしむ」、と上野介家業が俸料の他に手作布百端を「志」している。「志《こころざし》」は「訪《とぶらい》」とも記され、互酬性《ごしゅうせい》の贈与だった（遠藤基郎・二〇〇八）。十月十八日には、「紀伊守貞光《さだみつ》、俸料の外十疋を加え進る」とあり、俸料納物がどれだけか不明の場合もある。俸料を納入したのは、上野介家業・美濃守頼明《よりあき》・紀伊守貞光・尾張守則理《のりまさ》・阿波守義忠《よしただ》・備後守義通・備前守経相《つねすけ》・但馬守実経《さねつね》の八人になる。俸料官符を受取った各国守（受領）は、官符に書かれた物資を進上したのであり、済物《さいもつ》として納入したいわば公的な給与に当たる物資である。

第二は、「志」とのみ書かれた受領からの贈与品である。九月十四日には、「頼任《よりとう》朝臣、白木几帳十基〈四尺六基・三尺四基〉・白木炭取一口を志す。下仕釵子《さいし》・本結《もとゆい》等の事を仰せ付す」と、早くも頼任は几帳や炭取を送っている。実資は、下仕の釵子や本結も要請している。十月八日に「上品白糸十絇前美濃守頼任志す」とあるのが本結料だろうか。頼任は実資と「二次的主従関係」を結んだ人物と指摘されている（京樂真帆子・一九九七）。志のみの受領層は、前美濃守頼任・甲斐守公業《きみなり》・丹波守経頼《つねより》・因幡守道成《みちなり》・周防守俊遠《としとう》と五名が見える。志は、実資から直接依頼しない人物からの訪である。受領層からの志は、人事や勤務評定での配慮を含意した贈物であり、受給者の公卿の政治的力関係によって贈与受領の範囲が決まる流動的なものであろう。

第三は、主として普段から親昵《しんじつ》な付き合いをしている人物、あるいは家人的人物への割当である。九月十二日には、「丑日の舞姫装束、和泉守章信《あきのぶ》〈権左中弁〉に仰す。寅日の装束大蔵宰相通任《みちとう》に示す」と章信と通任に装束の調進を依頼しており、二人から「許諾す」の返事をもらっている。実際にも、十一月十一日己丑、「舞姫装束は権左中弁章信に仰せ調《ととの》えしむ。打衣《つきころも》・紅梅織物掛《こうばいおりものうちき》・唐衣《からぎぬ》・裳《も》・袴《はかま》例の如し。大蔵卿通任、寅日舞姫衣を調え贈る。織物紅梅掛・打綾衣・袴等なり。例は、ただ打衣のみ、殊に用意あり。織物掛を加えるか」と舞姫参入の日に実資に届けている。通任は実資と「故実の伝授などの相互扶助関係」を結んだ人物とされている（京樂真帆子・一九九七）。また、大宰大弐藤原惟憲《これのり》のもとに、九月十五日に「桑糸・蘇木《そぼく》の事等を云い遣わ」し、十月二十六日、藤原俊忠《としただ》が大弐惟憲の使者となって書状を持参したが、「絹百疋・檳榔《びんろう》二百把」と書かれており、十一月二日「都督（惟憲）志絹百疋」と送られてきている。道長家司の惟憲も実資の家人的人物である。九月十三日には、大和守保昌《やすまさ》に「下仕四人の茜染《あかねぞめ》打掛四重《かさね》」を仰せたが、保昌は、十月三十日に妻の死穢で辞退している。

第四は、上層貴族層や親族からの装束や饗宴関係の贈与である。舞姫装束関係は太皇太后彰子と関白頼通・内大臣教通・中納言兼隆・参議源朝任、童女装束は小野宮一家の藤原定頼《さだより》

（実際は父公任が拠出）と経通であり、藤原頼宗は膳や禄を贈っている。この贈与関係こそ、対等に近いレベルでの互酬性といえよう。

なお、尾張庄《おわりのしょう》から絹五十疋が十月十八日に届いている。家領庄園からの調達はほんの一部でしかなかった。荘園制社会の成立は、院政期をまたねばならない。

納入物資全部が日記に書き留められているわけではないので、傾向でしかないものの、受領層からの俸料と志を比較すると、さほど数量的に遜色《そんしょく》はない。しかし、志はあくまで受領の意思表示による贈与物資であり、受領に所課されたわけではない。第三の家人的受領層へ命じて贈与させた所課とは緊密度が相違していると思われる。

では、実資は他の五節献上者へどのように対応しているのか。まず、長元五年（一〇三二）の一人娘千古《せんこ》の婿藤原兼頼《かねより》（頼宗男）による五節献上では、「宰相中将（兼頼）五節を献ず。経営、下官（実資）の経営の如し」（十一月二十一日）と、積極的にかかわる（服藤早苗・二〇〇五）。木工寮検校《もくりょうけんぎょう》を兼任していた実資は、「木工頭（大江《おおえの》）挙周《たかちか》、燈台《とうだい》七本を進む〈一本は短〉。炭櫃《すびつ》二口、俎《まないた》二枚、宰相中将の五節の事により仰す所なり」（十一月十九日）と、調度品を作らせている。同居の婿には養子よりもより緊密に経営を援助している。

寛仁二年（一〇一八）には養子資平が献上するが、五節料に荘園高田牧《たかだまき》の馬を売却して得た絹三十疋を賜与したり（十一月一日）、五節参入の牛車《ぎっしゃ》を貸したりする（十一月十九日）がさほど詳細に書かれていない。

実兄懐平《かねひら》が長和三年（一〇一四）に献上する際には、童女装束二具を贈り、舞姫料の牛車を貸している（十一月十九日）。ただし、同じく献上者の前甲斐守藤原能通《よしみち》にも牛車を貸し（二十一日）、翌日には舞師の膳物代として絹六疋・綿六屯を絹につつみ五節所に贈り、同じく権中納言頼宗《よりむね》には朝餉《あさがれい》を五節所に贈っている（二十二日）。寛仁三年（一〇一九）実の従兄《いと》弟《こ》権大納言藤原公任の献上では、実資は五節舞姫装束を贈り、舞姫料の牛車を貸している。同じく献上者だった丹波守藤原頼任《よりとう》にも舞姫装束を贈り車を貸す（十一月十三日）。頼任は、実資献上の際に志を贈ってきた受領である。親族や公卿層や受領にもおしみない贈与（訪）をしており、ゆえに自身の献上の時も用途調達が容易だったのである。

長和四年（一〇一五）十月十九日、藤原朝経の服喪により、代わって五節を献上することになった左大臣藤原道長が、公卿たちに向かって、「五節の経営の時は必ず訪をした。ましてやにわかに五節を出さねばならなくなったのに、どうして相互に訪をしてくれないのだ」と言っていると、公任が伝えてくれた。実資は、「御訪を受けた人は、かねてよりそれに報いるべきだと思っているのに、披露して自分から言い出すのは甚だ無骨《ぶこつ》だ」と日記に書いている（以上『小右記』）。結局この年は、内裏焼亡によって五節は停止されており、実資が何を贈与したか不明であるが、たしかに贈与の互酬性が読み取れる（遠藤基郎・二〇〇八）。

五節献上では、天皇のキサキたちからの献上者への贈与も重要だった。表2は、彰子が五節に関連して贈った記事をまとめたものである。記録の残った分だけなので実際には毎年多くの用途物を献上者に贈ったものと思われる。舞姫・童女・下仕等の装束、薫物《たきもの》である。親族のみならず、実資や経頼《つねより》・行成《ゆきなり》等に贈っている。贈与の政治的意義を熟知していた彰子の「賢后」たるゆえんである（服藤早苗・二〇〇三a）。他のキサキたちも同様に毎年装束や薫物を親族や関係者に贈っている。本書では舞姫装束を詳細に分析できないが、装束は大変費用のかかるものである。

扇も多くの親昵貴族から賜与される。「扇二枚を奉らしむ。是れさしたる仰せなしと雖も万人の献ずる所に引かるるなり。（中略）他人等、又これを献ず。皆金銀の類を用い悉く画く。風流の華麗と云々。惣じて六十余枚に及ぶ」（『春記』長久元年十一月十四日乙丑）、と資房は仰せがなくとも扇を献上しているが、他の者は金銀を用い、風流をこらし、華麗だと記している。献上者でなくとも大変な出費だったようである。

十一世紀の摂関期には、公卿層同士や親族の相互扶助的な用途物を融通し合う互酬関係、いわば人的関係が重要だったことがわかる。

表２　藤原彰子の五節贈与関連記事一覧

年	西暦	被贈与者	品物	史料
長保５年 11 ／ 15	1003	参議行成	薫物	権記
寛弘１年 11 ／ 15 丑	1004	参議正光	舞姫装束	御堂関白記
寛弘１年 11 ／ 15 丑	1004	参議有国	舞姫装束	御堂関白記
寛弘１年 11 ／ 15 丑	1004	摂津守説孝	舞姫装束	御堂関白記
寛弘５年 11 ／ 20 丑	1008	参議兼隆	薫物	紫式部日記
寛弘５年 11 ／ 20 丑	1008	参議実成	舞姫装束	紫式部日記
寛弘５年 11 ／ 20 丑	1008	丹波守高階業遠	薫物	紫式部日記
長和２年 11 ／ 15 卯	1013	権中納言教通	下仕装束	御堂関白記
寛仁１年 11 ／ 19 丑	1017	権大納言源俊賢	童女装束	御堂関白記
寛仁１年 11 ／ 19 丑	1017	中納言能信	童女装束	御堂関白記
寛仁２年 11 ／ 19 丑	1018	敦康親王	童女装束	御堂関白記
寛仁４年 11 ／ 18 丑	1020	近江守源経頼	薫物	左経記
万寿２年 11 ／ 11 丑	1025	右大臣実資	舞姫装束	小右記
長元５年 11 ／ 23 卯	1032	参議兼頼	童女装束	小右記
天喜５年	1057	権中納言師実	舞姫装束	殿暦

2．院政期の経営と経費

院政期になると、献上者の五節経営がより詳細に記録されている。用途調達先は、詳細な検討をされた先行研究（遠藤基郎・二〇〇八）を参照にして、大治二年（一一二七）の権大納言宗忠六十六歳の経営を見たい。表3である。

先述のように十月十六日に突然舞姫献上の書札が頭中将からもたらされる。愚痴をこぼしながら献上することになる。十一月十五日辛丑、舞姫を暁に密々参入させた。裏書きに「この度訪《とぶ》らわるる人々」として列挙されている。「訪」とあるので、本来贈与である。もっともたとえば、権中納言藤原通季の「被物《かずけもの》二領」には「是れ息男丹波守所課と云々」とあり「俸料」かもしれない。

大きく分類すると、舞姫等の装束を贈ってくれた人物、摂政藤原忠通《ただみち》、大納言藤原経実《つねざね》、権中納言藤原通季《みちすえ》・実行《さねゆき》・顕隆《あきたか》・実能《さねよし》、参議藤原伊通《これみち》、近江守宗兼《むねかね》、主として公卿層である。第二に、絹や綿・布等のいわば金銭的な物を贈ったのが、左京大夫経忠《つねただ》、左中弁実光《さねみつ》、相模守盛重《もりしげ》、上総守親隆《ちかたか》、信濃守重時《しげとき》、越中守忠盛《ただもり》、武蔵守通基《みちもと》、讃岐守清隆《きよたか》の受領層、第三に、菓子や畳等の当日に必要となる物資を贈った者は、平等院大僧正、光清《こうせい》法印、南京僧侶、新中納言雅定《まささだ》、左大弁為隆《ためたか》、大蔵卿長忠《ながただ》、応覚《おうかく》僧都他僧侶が多いのに注目される。第四に、扇

表3　大治2年藤原宗忠献上の用途調達先一覧

贈与者	賜与品	備考
摂政忠通	童女装束料	
権中納言通季	被物2領料	※息子丹後守所課
権中納言実行	大破子10荷	
権中納言実能	被物1重、綿100両	※息子越中守所課
権中納言顕隆	綿50両・絹3巻	
大納言経実	舞姫装束（借）・寅日舞姫装束	
参議伊通	辰日舞姫装束	
近江守宗兼	丑日唐衣	※残物家中儲
左京大夫経忠	綿150両	※息子若狭守所課
左中弁実光	綿100両・菓子1000合・屯食5具	
相模守盛重	布禄	
上総守親隆	布禄	
信濃守重時	布禄	
越中守忠盛	綿50両	
武蔵守通基	絹10巻・糸100両	
讃岐守清隆	絹5巻	
平等院大僧正	菓子500合	
光清法印	畳20枚	
南京僧侶	菓子	
新中納言雅定	壁代几帳帷（借）	
左大弁為隆	屏風几帳燈爐燈台等（借）	
大蔵卿長忠	大師前	
右中弁師俊・源少納言俊隆・新少納言忠宗・秀才蔵人資憲・侍従憲俊	童女扇	
応覚僧都	風流菓子	

を贈った人々、右中弁師俊《もろとし》、少納言源俊隆《としたか》、少納言忠宗《ただむね》、蔵人資憲《すけのり》、侍従憲俊《のりとし》〈童女扇〉と分類できる。女院やキサキ等からの贈り物がないのが、摂関家と相違するように思える。ただし、親族が記載されていないので、当然全体の姿ではないように思える（以上『中右記』）。

久安二年（一一四六）十一月の内大臣頼長二十七歳の献上では、装束等の賜与がうかがえる。表4である。丑日の舞姫装束は皇太后藤原聖子《せいし》、辰日の舞姫装束は参議藤原経定《つねさだ》、童女装束は二具新院崇徳院《すとくいん》、二具斎院禎子《ていし》内親王、四具は鳥羽法皇に奏し国宛《くにあて》、傅《かしずき》女房八人の裳・唐衣は高陽院《かやいん》、頼長の衣二領も永久の例で高陽院、下仕装束は権大納言伊通《これみち》・権大納言実能《さねよし》・中納言成通《なりみち》、前権中納言顕頼《あきより》、扇は二枚が権大納言藤原宗輔《むねすけ》・権中納言藤原宗能《むねよし》・権大納言藤原実行《さねゆき》、傅八人の扇各二枚は、師仲《もろなが》・雅国《まさくに》・公保《きみやす》・師盛《もろもり》・重家《しげいえ》、童女の扇は光忠《みつただ》・雅通、下仕四人の扇は光序《みつのぶ》・雅教《まさのり》、下仕扇各二枚は実長・俊通、縁子《ママ》内親王から薫物、と多くの人々から贈られている。父忠実や兄忠通は記載がないので、この場合も親族は記載しなかったのであろう（以上『台記』久安二年十一月十一日〜十四日条）。童女装束は、鳥羽法皇に奏上して国宛になったとあるように、用途調達には、治天の君である院の政治力に依存している。

以上の二例は、主として訪や互酬的貴族層の扶助贈与であるが、院政期には、在京受領への諸国所課の方が、品目の種類・量が多くなること、十二世紀中葉には、荘園からの調達も多くなることが指摘されている（遠藤基郎・二〇〇八）。五節舞姫献上は名誉ではあったが、

表4　久安2年藤原頼長献上の用途調達先一覧

贈与者	賜与品	実際
新院崇徳院	童女装束・童女御覧日	11/13 童女装束2具
高陽院	傅8人裳・唐衣・薫 頼長の衣2領	11/11 に賜う
皇太后聖子	丑日舞姫装束	11/11 に賜う
斎院禎子内親王	童装束2具	11/11/に賜う
新大納言伊通	下仕装束	11/11 に賜う
中納言成通	下仕装束	11/11 に賜う
権大納言宗輔 権中納言宗能 権大納言実行	各扇2枚	11/11 に賜う
右中将師仲 修理権大夫雅国 侍従公保 侍従師盛 越前守重家	傅扇、各2枚	11/11 に賜う
左少将光忠	童女扇2	11/11/に賜う
左中将雅通	童女扇2	11/13 に賜う
左少将実長 右少将俊通	下仕扇各2	11/13 に賜う
蔵人光序 駿河守雅教	下仕4人扇	11/11 に賜う
鳥羽法皇	被4具・童装束4具	諸国宛
権大納言実能	下仕装束2具	11/13 に賜う
前権中納言顕頼	下仕装束2具	11/13 に賜う
縁《ママ》子内親王	薫物	11/13 に賜う
参議経定	辰日舞姫装束	11/14 に賜う

自身の権勢や権威を発揚するための用途物の調達には、政治力と経済力が必要とされたのである。

五節の日程

日	行為	主たる参加者	場所
丑（子）	舞姫一行が五節所に参入	舞姫一行	常寧殿の各五節所
丑	帳台試	舞姫・童女・下仕等、舞師	常寧殿、帳台
寅	殿上淵酔・殿上で酒肴・雑芸や乱舞	蔵人頭以下蔵人・殿上人	清涼殿、殿上の間
寅	御前試・舞姫が天皇御前で予行演習	舞姫・童女・下仕等、舞師	清涼殿、天皇御前
卯	殿上淵酔・殿上で酒肴・雑芸や乱舞	蔵人頭以下蔵人・殿上人	清涼殿、殿上の間
卯	童女御覧	童女・下仕	清涼殿、天皇御前
卯	新嘗祭	天皇・神祇官等	中和院の新嘉殿
辰	豊明節会	天皇・皇太子以下官人	豊樂院→紫宸殿

第三章　五節舞姫

第一節　五節舞姫の実像

1. 記録類に見る舞姫たち

⑴献上者の実子

表5は、記録類から抽出した実際に献上され舞った舞姫である。十世紀から平安末までの五節舞姫史料で、名前や出自がわかる舞姫は、十九件、四十名である。多いのは、大嘗祭で舞った舞姫が叙爵される史料で、⑫治暦《ちりゃく》四年（一〇六八）・⑬寛治元年（一〇八七）・⑭康治《こうじ》元年（一一四二）・⑰仁安《にんあん》元年（一一六六）・⑱仁安三年（一一六八）の五回で、計二十三名である。康治元年・仁安三年の叙爵者が各四名であるが、仁安三年の理由は後述する。残念ながら、この二十三名は、各献上者や出自が不明である。しかし、第二章で見たとおり、大嘗祭の舞姫五人は叙爵されることが恒例となっていたことは確認されよう。他の十七名について検討する（服藤早苗・二〇一一a）。

まず、献上者の実子が舞姫になった例が四件ある。なお、ここでの数字は時代順に振った。

①延喜十九年（九一九）十一月

舞姫等之を試す〈三人参上す。煩うところ有るにより参上せず。即ち修理大夫朝臣献ずる所なり〉。

（『西宮記』〈恒例第三〉十一月、新嘗祭）

十一月十六日庚辰

五節一人、忽ち物気《もののけ》を煩う。他人を以て舞わしむと云々。悦《よろこぶ》朝臣女病なり。

（『貞信公記抄』）

源悦は、同年正月二十八日、参議に任じられており、修理大夫も兼任している。悦は、嵯峨天皇孫、源弘《ひろむ》男であり、母は阿保《あぼ》親王女である。「悦朝臣女」とあり実子である。悦女は、御前試・豊明節会両方欠席で、急遽他の女性を舞姫にしたてたようである。

②天慶《てんぎょう》元年（九三八）十一月

今年の五節、殿上・中宮（藤原穏子）各一人、太政大臣（忠平）・中納言藤原実頼卿、同じく奉らるの事有り（割注略）。殿上舞妓は、前美濃権守平朝臣随時《ゆきとき》息女、中宮の舞妓は、故右近衛少将藤原朝臣滋幹《しげもと》息女、太政大臣家の舞妓は、故伊予介源朝臣相国息女、中納言実頼卿の舞妓は、故信濃守源朝臣公家息女なり（以下略）。

（『本朝世紀』天慶元年十一月二十二日乙丑）

中宮（当時の中宮は皇太后職等の名称）藤原穏子、太政大臣藤原忠平、中納言藤原実頼の三人は身位や職位が明記されているが、殿上献上者の具体的名前はなく、舞姫の出自のみが記さ

表5　舞姫一覧

	西暦	元号	舞姫名前	父職名	献上者	備考	史料
①	919	延喜19	源悦女	参議	参議源悦	◎実女が舞姫	貞信公記抄·西宮記
②	938	天慶1	藤原滋幹女	故右近衛少将滋幹	皇太后穏子		本朝世紀
	938	天慶1	源相国女	故伊予介	太政大臣忠平		本朝世紀
	938	天慶1	源公家女	故信濃守	中納言実頼		本朝世紀
	938	天慶1	平随時女	前美濃権守	前美濃権守平随時	◎実女が舞姫	本朝世紀
③	942	天慶5	藤原忠幹女	河内守	河内守忠幹	◎実女が舞姫	江家次第
④	961	応和1	藤原雅正女	周防守	不明	父頓死で不参	江家次第
⑤	984	永観2	藤原景舒女	前加賀守	藤原景舒	◎実女が舞姫	小右記
⑥	989	永祚1	良峯遠高女	中務少輔	参議実資	後の舞師良峯氏子カ	小右記
⑦	993	正暦4	藤原相尹女	左馬頭	中宮定子	12歳	枕草子
⑧	999	長保1	源相近女	備前守	中納言実資		小右記
⑨	1003	長保5	藤原清重女	相模守	参議行成		権記
⑩	1025	万寿2	橘好任女	故元蔵人	右大臣実資	11/2着裳	小右記
⑪	1032	長元5	藤原定雅女	前長門守	参議兼頼	舅実資経営·家人·乳母子	小右記
⑫	1068	治暦4	源清子			大嘗祭ゆえ叙位	本朝世紀
	1068	治暦4	藤原姫子			大嘗祭ゆえ叙位	本朝世紀
	1068	治暦4	大江長子			大嘗祭ゆえ叙位	本朝世紀
	1068	治暦4	藤原経子			大嘗祭ゆえ叙位	本朝世紀
	1068	治暦4	藤原琳子			大嘗祭ゆえ叙位	本朝世紀
⑬	1087	寛治1	高階遠子			大嘗祭ゆえ叙位	本朝世紀
	1087	寛治1	藤原知子			大嘗祭ゆえ叙位	本朝世紀
	1087	寛治1	藤原公子			大嘗祭ゆえ叙位	本朝世紀

	1087	寛治1	藤原信子			大嘗祭ゆえ叙位	本朝世紀
	1087	寛治1	藤原姫子			大嘗祭ゆえ叙位	本朝世紀
⑭	1142	康治1	藤原知子			大嘗祭ゆえ叙位	本朝世紀
	1142	康治1	藤原賢子			大嘗祭ゆえ叙位	本朝世紀
	1142	康治1	藤原家子			大嘗祭ゆえ叙位	本朝世紀
	1142	康治1	藤原仙子			大嘗祭ゆえ叙位	本朝世紀
⑮	1146	久安2	藤原信雅女	前周防権守	内大臣頼長		台記
⑯	1154	久寿1	藤原忠基女	大宰権帥	権中納言師長	権中納言の娘が舞姫	台記
⑰	1166	仁安1	平成子			大嘗祭ゆえの叙位	兵範記
	1166	仁安1	平節子			大嘗祭ゆえの叙位	兵範記
	1166	仁安1	平長子			大嘗祭ゆえの叙位	兵範記
	1166	仁安1	平仲子			大嘗祭ゆえの叙位	兵範記
	1166	仁安1	平仙子			大嘗祭ゆえの叙位	兵範記
⑱	1168	仁安3	藤原成子			大嘗祭ゆえの叙位	兵範記
	1168	仁安3	平久子			大嘗祭ゆえの叙位	兵範記
	1168	仁安3	源保子			大嘗祭ゆえの叙位	兵範記
	1168	仁安3	藤原季子			大嘗祭ゆえの叙位	兵範記
⑲	1184	元暦1	忠重女	前寮頭	権大納言良通		玉葉

れている。しかし、記載順からして、「殿上」献上者は前美濃権守平随時であり、その実女が舞姫だったと推察して間違いない。平随時は、仁明天皇の曾孫、本康《もとやす》親王孫であるものの、父雅望王《まさもちおう》は従四位下で没しており、天暦二年（九四八）正月、五十九歳で参議に任じられる中級貴族である。天慶九年四月二十六日には、蔵人頭になるので天皇近侍の殿上にふさわしい（以上『公卿補任』）。殿上が実女を舞姫にした例である。

③天慶五年（九四二）十一月

殿上舞姫、忽ち病み不参、忠幹《ただもと》女なり。（『江家次第』十一月・五節御前試事）

御前試は中寅日であり、二十三日である（『大日本史料』第一編之八）。藤原忠幹は先の滋幹の異母兄弟であり、天慶四年八月二十六日の光孝天皇国忌に、太政大臣忠平が極楽寺で主催した一切経供養で、陽成院の勅使となっており、河内守である（『本朝世紀』）。忠幹は殿上受領として実子を舞姫にしたと考えてよい。

⑤永観二年（九八四）十一月

入夜参内す。候宿す。殿上の五節参入す。景舒《かげのぶ》女なり。（『小右記』永観二年十一月十八日甲子）

舞姫が常寧殿《じょうねいでん》に設営された五節所に参入するのは、後述するように十世紀中頃までは中子日だった。藤原景舒は国章男で、時期は不明だが蔵人に任じられており（『尊卑分脈』）、天延二年（九七四）には伊賀守をつとめているから（『親信卿記』十一月一日）、天皇側近受領であり、殿上として献上したのであろう。十月十四日には式を守り過差を禁じるよう仰せられている「献五節人々」に「景舒朝臣」とあるから、五位であった（『小右記』）。間違いなく実子が舞姫である。

管見の限りでは、以上の四人が実子として舞姫になった女性である。①参議源悦女からは、十世紀の初期には、参議層でも実子を舞姫として献上したことが確認される。前述のように藤原高子を史料から舞姫だったと推察したが（第一章第二節2）、間違いない。②の随時は、後に参議に昇るから、同様に参議層の貴族女子が舞姫になった例である。

しかし、②では、中納言や太政大臣の舞姫は、すでに実子ではなく、受領層の女子が献上されている。九世紀末には、「車中の女、争いて天顔をみる。或いは半身を出だし、或いは露面を忘る」（『紀家集』昌泰元年（八九八）十月「競狩記」）とあり、牛車に乗る階層の女性たちは露面を人前にさらすことは恥だとされていた（服藤早苗・二〇〇四a）。ゆえに、公卿層の女性は顔をさらさねばならない舞姫になることがなくなりつつあったのであろう。管見の限りでは、以後、公卿層の娘が舞姫として献上され、舞う例は平安中期ではない。

(2)下級貴族出身の舞姫

十世紀中頃以降は、公卿層でも、実子を舞姫にすることはない。では、どのような女性たちが舞姫とされ、五節舞を舞ったのか。献上者が記録類に舞姫の出自を明記している場合がある。以下、具体的にうかがえる舞姫を提示し、どのような階層の女性たちであったのかを検討したい。

まず、②天慶元年（九三八）十一月（前述）の舞姫たちである。皇太后穏子が献上した舞姫の父故藤原滋幹は（?〜九三二）、谷崎潤一郎の小説「少将滋幹の母」で著名な、美しい若い妻を時平《ときひら》に取られる大納言国経《くにつね》を父に持ち、祖父は枇杷《びわ》中納言藤原長良《ながら》であるものの、近衛少将で没する下級貴族である（服藤早苗・二〇〇六a）。太政大臣忠平献上の舞姫父故源相国は、文徳《もんとく》天皇の曾孫であるものの正五位下伊勢守ともある（『尊卑分脈』）。中納言実頼献上の舞姫の父故源公家《きみいえ》は、『尊卑分脈』等にも該当者と思われる人物は見当たらず不明であるが、「故信濃守」とあるから信濃守で没したのであろう。下級貴族、受領層の娘である。三人の舞姫は、下級貴族層の、しかも父を亡くしている。すでに、十世紀中頃の舞姫そのものが女房生活を余儀なくされる階層の女性たちと言えよう。

④応和《おうわ》元年（九六一）十一月

初め周防守雅正《まさただ》女を点ず。而るに曰く父頓死と、よりて左大臣（実頼）忽ち之を責む。

事俄により調うること能わずと云々。（『江家次第』十一月・五節帳台試）

藤原雅正（?～九六一）は堤中納言兼輔《かねすけ》男であり、紫式部の祖父に当たる。雅正は周防守・豊前守等を歴任した従五位下の受領層である（『尊卑分脈』）。妻が右大臣藤原定方《さだかた》女であり、紀貫之《きのつらゆき》や伊《い》勢御《せのご》などとも交流があり、殿上として実子を舞姫として献上した可能性もある。しかし、十月二日、「蔵人珍材を左衛門督藤原第（師氏《もろうじ》）に遣わし、五節を奉るべき事を仰す〈所労有りて参らざるに依るなり〉」（『西宮記』十月・五節定）、とあり、中納言藤原師氏献上かあるいは他の公卿献上の舞姫と考えられる。根拠は、「はじめ周防守雅正女を点じた。しかし、父が頓死したというので、実頼が責めたが、急なので舞姫を調習することができなかった」との文言である。雅正が献上者ならば、「献上者の雅正が頓死したので、献上者を早急に交替させた」との文言になろう。公卿層の献上した舞姫であり、現存の受領層の女性が点じられた史料と考える。なお『江家次第』は「十月六日」とあるが、「応和元十一十六、五節試無し、舞姫一人不参」（『西宮記』十一月・新嘗祭）から、十一月十六日のことと推断した。

⑥永祚《えいそ》元年（九八九）十一月

戌の終わり、五節を参らしむ。まず自らの車を遣わし、舞姫を迎え取らしむ〈中務少輔遠高《とうたか》女なり〉。（『小右記』永祚元年十一月十二日己丑）

この年は参議藤原実資が献上した。前述のように、新任参議ゆえの献上だった。良岑《よしみね》遠高は、史料上では従五位上相当の中務少輔が最高官職である（『平安人名辞典―長保二年』）。現役下級貴族層の娘が舞姫になった事例である。なお、この良岑遠高女が、後に舞師となり長年つとめあげたと推察されることは、次節の舞師のところで検討する。

⑦正暦四年（九九三）十一月

　舞姫は、相尹《すけまさ》の馬頭《うまのかみ》のむすめ、染殿《そめどの》の式部《しきぶ》卿宮《きょうのみや》の上の御おとうとの四の君の御腹、十二にて、いとをかしげなりき。（『枕草子』宮の五節出ださせたまふに段）

中宮藤原定子が献上した五節舞姫である。藤原相尹は、師輔《もろすけ》孫、遠量《とうかず》男で、道隆《みちたか》・道長等の従兄弟に当たる。母は、源高明《たかあきら》四女である。相尹は、同年正月二十三日、摂政道隆大饗《たいきょう》で、左馬頭として内大臣道兼《みちかね》への請客使《しょうきゃくし》となっており、長徳二年（九九六）四月二十四日、伊周《これちか》のことにかかわり殿上簡《てんじょうかん》を削られている（以上『小右記』）ので、定子一族と密接な関係を持っていたことがうかがえる。父方曾祖父師輔、母方祖父源高明という名門に生まれながらも、父は正四位下どまりの受領層になっている。定子妹原子《げんし》（淑景舎《しげいしゃ》）が東宮妃として入内した際、「相尹の馬頭のむすめ少将」（『枕草子』淑景舎、春宮にまゐりたまふほどの事など段）が見え、姉と推定されており、下級貴族層の娘として、舞姫や女房になったのであろう。

⑧長保元年（九九九）十一月

余〈実資〉の車を遣わし、舞姫を迎えしむ〈備前守相近《すけちか》女と称する者なり〉。
（『小右記』長保元年十一月二十二日辛丑）

中納言実資が舞姫を献上した際、備前守相近女が五節舞姫になっている。源相近は、光孝天皇孫源清平《きよひら》を祖父に、是輔《これすけ》を父に持ち、備前守・淡路守等を歴任し、従四位下が極位の下級貴族の受領層である（『尊卑分脈』）。寛和《かんな》元年（九八五）四月三十日、実資女児の三夜の産養《うぶやしない》に「相近朝臣銭三十貫を出だす。任国に在りて預者に仰せ置くと云々」（『小右記』）とあり、実資の家人的存在の受領層である。現存受領層の娘である。

⑨長保五年（一〇〇三）十一月
今夜舞姫参入す。相模守清重《きよしげ》女。母は故信濃守陳忠《のぶただ》女なり。
（『権記』長保五年十一月十五日辛丑）

参議藤原行成の献上した舞姫である。行成は、長保三年八月に参議に任じられたが、長保四年は新嘗祭が中止になったために、この年の献上になった。清重は、系図等でも不明であるが（『平安人名辞典─長保二年』）、舞姫の母方祖父陳忠は、信濃守を終え帰京中、御坂峠《みさかとうげ》から転落しても平茸《ひらたけ》を取ったことで著名な受領である。また、陳忠妻は関白藤原頼忠《よりただ》女遵子《じゅんし》立后の際に、「藤原近子《きんし》を以て内侍となす〈信濃守陳忠妻なり〉」（『小右記』天元五年三月十一日条）とあり、舞姫は近子女かもしれない。現存受領層の娘である。

⑩万寿二年（一〇二五）十一月

今夜舞姫を参らしむ〈故好任《よしとう》朝臣女なり〉。（『小右記』万寿二年十一月十一日丑己）

右大臣実資が献上した舞姫である。橘好任は、「蔵人□を補し定めらる〈雑色《ぞうしき》橘好任、立左前司則光男〉」（『左経記』長和五年（一〇一六）正月八日条）とあり、三条天皇の蔵人に任じられ、則光男となっている。同年正月二十九日、後一条天皇に譲位し三条上皇となっても院蔵人になっている（『小右記』、なお橘氏系図にはない）。則光は清少納言の夫であるが、好任は他の妻の子どもであろう。蔵人であるから、五・六位の下級貴族層である。父を亡くした下級貴族の娘が舞姫になっている。

なお、十一月二日には、「故好任朝臣女、今夜家において着裳《ちゃくも》せしむ。五節舞姫となすべきに依るなり。少納言資高《すけたか》、裳の腰を結ぶ」（『小右記』）とあり、実資家で着裳（裳着《もぎ》）をしており、さらに、実資の養子資高が腰結役《こしゆいやく》になっている。女房の娘の着裳を主である実資が行っている例があるので、実資家の女房層に関係している可能性もある。さらに、十一月九日、実資は次のように記している（『小右記』）。

家に旧五節有り、よりて日来内々に習わしむ。師を迎えるの間の日、ただ昨今と雖も、練習する所、日あるのみ。

舞姫に舞を調習させるために、参入の丑日の直前に舞師を迎えるが、その前に家に居る「旧五節」から舞を習わせている。実資の舞姫献上は、⑥と⑧と⑩であるが、⑧の備前守相近女であろうか。とするなら、二十六年も前の舞姫である。舞姫が家女房になる例である。

⑪長元《ちょうげん》五年（一〇三二）十一月

桑糸二十疋、八木二十石を舞姫の許に遣わす。舞姫は前長門守定雅女なり。

（『小右記』長元五年十一月八日丙子）

右大臣実資の婿藤原兼頼が五節を献上した。参入は、十一月二十一日己丑である。兼頼は、前年長元四年十二月二十六日、参議に任じられている（『公卿補任』）。「宰相中将（兼頼）五節を献ず。経営は下官（実資）の経営の如し」（『小右記』十一月二十一日己丑）、と第二章で見たように、用途調達等の経営は同居の舅《しゅうと》実資が主として統括している。

藤原定雅は、内大臣高藤《たかとう》曾孫嘉時《よしとき》男で、従五位下武蔵守（『尊卑分脈』）の受領層である。万寿元年（一〇二四）十二月十三日、実資女千古《せんこ》の着裳の際、千古の家人の一人に選ばれており、万寿四年三月五日、「定雅朝臣を家司と為す」と実資の家司にも任じられている（『小右記』）。下級貴族である家司の娘が舞姫に献上された例である。

以上八件、全部で十人の舞姫が、十世紀から十一世紀中頃までの主として記録類等で父の名が明確になる舞姫である。全員、公卿層が献上した舞姫である。舞姫として選ばれた女性は、すべて下級貴族層の娘である。⑦の相尹女は、十二歳であり、⑩の橘好任女は、舞姫に選ばれたことを契機に着裳をしている。当時の着裳年齢は十四〜六歳前後が多いが、入内や結婚を機に着裳を行うようになると、十〜十二歳の場合も多くなる（服藤早苗・二〇〇四b）。うら若い少女が、献上者の権威と権勢を誇るために用意された絢爛豪華《けんらんごうか》な衣装を着せられ、扇で顔を隠しているとはいえ、天皇や殿上人の前で舞を舞うのは相当な緊張を強いられたにちがいない。紫式部が『紫式部日記』に記したゆえであろう。また、実資の献上する舞姫は、実資の家人的受領や家司の娘が点じられ、そのまま女房として仕えている実態も判明した。十世紀中頃以降、五節舞は、まさに、王妃候補の舞踏《ぶとう》ではなく、女房身分女性の舞踏になっていく（保立道久・一九九八）。

さらに、殿上受領が献上した舞姫の名前や出自は史料上不明であるが、公卿層が献上する舞姫は現存受領層の娘が選ばれることからして、殿上受領の献上する舞姫は、規定どおり実女の可能性が高いと推察される。

(3) 院政期の舞姫

⑫⑬⑭⑰⑱は前述のように大嘗祭の五節舞姫叙位で名前のみが判明する。⑭⑱の各四人については検討しておきたい。

⑭康治元年（一一四二）十一月

従五位下（中略）藤原知子〈舞姫〉、藤原賢子〈同〉、同家子〈同〉、同仙子〈同〉。

（『本朝世紀』康治元年十一月二十六日）

前年十二月近衛天皇が即位しており、この年大嘗祭が行われた。十一月十三日辛丑「今夜五節舞姫参内す〈権中納言藤原実光《さねみつ》卿、参議同顕業《あきなり》卿、同経定《つねさだ》朝臣、越後守藤原実明《さねあき》、甲斐守同顕遠、各舞姫を献ず〉」（『本朝世紀』）とあり、献上者は規定どおり五人である。しかも、十八日丙午の豊明節会では、「五節舞姫五人、西軟障《にしぜしょう》より出で、南廂《みなみひさし》中央において舞いて退出す」（『本朝世紀』）とあり、豊明節会で五人が滞りなく舞っている。四名しか叙爵されない理由は、今のところ不明である。この四人の出自などの実態は、他の大嘗祭叙爵舞姫同様、他の史料に見えず不明である。

⑱仁安三年（一一六八）十二月

大嘗会女叙位なり（中略）藤原成子〈舞姫〉、平久子〈同〉、源保子〈同〉、藤原季子〈同〉。

（『兵範記』仁安三年十二月四日）

二月十九日受禅、三月二十六日即位式をあげた高倉《たかくら》天皇の大嘗祭の五節献上者は、十月十五日、「殿下御直廬において五節定有り。頭中将執筆。権中納言成親《なりちか》、右衛門督時忠《ときただ》、左大弁雅頼《まさより》、能登守平通盛《みちもり》朝臣、武蔵守同知盛《とももり》」（『兵範記』）と決定された。しかし、武蔵守平知盛が尾張守保盛《やすもり》に替わっている。五節舞姫たちの叙位にあたって、頭弁平信範は、次のように記している。

五節舞姫五人叙爵すべし。その中、権中納言（成親）、別当（時忠）、左大弁（雅頼）等、名簿を献ぜらる。よりて袖にその人の申しを書き注す。能登守通盛朝臣の舞姫は例中文を献ず。短冊に云わく、「五節舞姫の申爵、これ長元九年、寛治元年の例なり」。尾張守保盛、解官《げかん》されるにより、申文を進らず、沙汰に及ばず。（『兵範記』十二月四日辛卯）

四人の献上者は、舞姫の名簿を提出したが、尾張守保盛は、解官されたので名簿も提出されず、叙爵はなかったという。十一月二十八日、頭中将藤原実守《さねもり》は召しにより、後白河院に参った。次のように記している。

尾張守保盛五節を催さるるの間の次第、最初より尋ね仰せらる。厳親頼盛《よりもり》卿の申状、度々散状次第申し上ぐと云々。次いで仰せを奉り摂政殿に参る。次いで左府亭に向かい、仰せ下すと云々。

参議大宰大弐右兵衛督頼盛朝臣、

右兵衛佐尾張守平保盛等、見任を解却せしむ者り。

父子の間、逆鱗の至り、五ケ重職を解かれおわんぬ。五節参入、並びに御覧の儀、奉行職の事、数度御教書《みぎょうしょ》を遣わすに、一切承引せず、毎度対捍《たいかん》す。（中略）。奉公の間は、自他をあい存じ、なお跼蹐《きょくせき》（ひどく怖れ慎むこと）すべきものなり。（『兵範記』）

頼盛と保盛父子への後白河院の怒りは相当なもので、十二月十三日には頼盛の家人六人が右衛門尉・左兵衛尉・右兵衛尉・右馬允の武官の職を解かれている（髙橋昌明・二〇〇七）。その逆鱗の理由に、「五節参入、並びに御覧の儀、奉行職の事、数度御教書を遣わすに、一切承引せず」とある。二十日丁丑には、尾張守の五節舞姫は夜に参入している。「次いで尾張参上同前。この間、少納言泰経《やすつね》、御教書を奉り到来す。その院宣《いんぜん》の請文を申すため、下官、頭中将に触れ退去す」とあり、たしかに院からの御教書がきて、信範が受け取っているが、内容は記していない。帳台試では、摂政が天皇に代わり舞師局に入り見ているが、「尾張、馬道の東腋《ひがしわき》より出で、北方より直に参上す。姫君五人参上の後舞う」とあり、尾張守保盛が献上した舞姫はきちんと舞っている。さらに、「御覧の儀」は二十二日己卯の童女御覧であるが、「尾張、右少将泰通《やすみち》朝臣一人、下仕非蔵人仲基《なかもと》」とあり、童女を献上している。むしろ、参議左大弁雅頼は童女御覧を献上していない。御教書に従わなかったのは、童女と下仕の介添え役を奉仕した泰通と仲基かもしれない。介添え役については、後述するように院からの要請があることが多い。最後の二十五日壬午の大極殿での五節舞は五人の舞姫が舞っており、尾張守保盛の献上した舞姫も舞っている（以上『兵範記』）。舞姫になり、一生懸命舞ったのに、政治的抗争に巻き込まれ叙位されなかった舞姫は臍《ほぞ》を噛《か》んだにちがいない。

なお、「五節舞姫の申爵、これ長元九年、寛治元年の例なり」とあるが、長元九年（一〇三六）は史料がなく、寛治元年に五節舞姫五人が叙爵されたのは、⑬にあげたとおりである。

九世紀後期の清和天皇大嘗祭で高子他五人が叙位されたと思われ、十世紀初頭の三善清行「意見封事十二箇条」に大嘗祭の舞姫が叙爵されることが慣例とあった。

さて、次に父の判明する舞姫を検討する。

⑮久安二年（一一四六）十一月

今度の舞姫、前周防権守信雅《のぶまさ》女〈信雅、故顕雅《あきまさ》卿子なり〉。

（『台記』久安二年十一月十四日庚辰）

この年は頼長が五節舞姫を献上した。源信雅父顕雅は、六条右府源顕房《あきふさ》男で、権大納言にまで昇っているが、信雅は従五位上陸奥守等の受領層である。頼長男師長《もろなが》は、「今日左府若君〈十二、信雅朝臣女腹、女院宮仕督殿なり〉」（『兵範記』久安五年十月十六日条）とあり、信雅女は、高陽院藤原泰子女房の督殿で、師長の母となっている。師長が久寿元年（一一五四）十一月十二日、権中納言に昇任した翌日には、「高陽院に詣る〈余の女房此の院に在り、同じく之を申す〉」（『台記』）、「母堂御許」（『兵範記』）に慶賀申《けいがもうし》に訪れている。ツマの妹を舞姫に献上したのである。この舞姫は受領層出身である。

⑯久寿元年（一一五四）十一月

子刻舞姫〈忠基《ただもと》卿女〉以下参内。

（『台記』久寿元年十一月十六日乙丑）

頼長男師長十七歳が舞姫を献上した。師長への五節献上が告げられたのは十一月四日である。

十一月十二日には参議から権中納言に昇任している。十三日には、「師長、東三条院に帰るの後、直衣《のうし》を著《ちゃく》し、五節雑事を定む」とあり、昇任後に五節雑事を定めている。五節献上決定が遅いが、献上者が触穢《しょくえ》や服喪《ふくも》等により変更になったためと推察される。藤原忠基（一一〇一～五六）は、師実孫《もろざね》、忠教男《ただのり》であり、頼長父忠実の従兄弟である。久安五年（一一四九）には権中納言になり、仁平三年（一一五三）閏十二月に権中納言を辞し大宰権帥になり、久寿元年四月には本座に復している。つまり、権中納言の娘が舞姫である。十六日には、「師忠基卿、同（下仕）装束二具を送る」と、装束を贈る密接な親族関係にある。また、「童女車、帥に借る」と車を借りる関係でもある（以上『台記』）。公卿層の女子が舞姫になった事例である。

⑲元暦元年（一一八四）十一月

舞姫〈前寮頭《さきのりょうとう》『君達《きんだち》』忠重女《ただしげ》〉。（『玉葉』元暦元年十一月十六日辛丑）

前年七月、安徳《あんとく》天皇や神器《じんき》とともに平氏は西国に落ち延びていた。八月二十日に尊成《たかひら》親王（後鳥羽天皇）が践祚した。この年、八月十八日に、右大臣藤原兼実息男良通《よしみち》権大納言十八歳が五節を献上することを父兼実が「領状」し、二十九日に略定の連絡があった。実質的には兼実が献上している（『玉葉』）。神器がないまま、安徳天皇生存中に、後鳥羽天皇の大嘗祭が行われたのである。忠重は源忠佐《ただすけ》男で、従五位下が最終位である（『尊卑分脈』）。「君達」

とあるのは、舞姫は諸大夫層ではなく、公達《きんだち》の女を選ぶべきことを示している、とされている（高橋秀樹・二〇一三）。とするなら、この時期は五位程度の諸大夫層、すなわち下級貴族層ではなく、その上位階層の女性が選ばれるようになったといえよう。

⑮⑯⑲の三人が、十二世紀に出自がわかる舞姫であるが、結果的に十二世紀中期以降、公卿層が献上者の舞姫たちだった。摂関期と比較して、舞姫は、献上者との関係で選ばれており、しかも親族関係にある女性たち、公達層、すなわち公卿層の女性である。ただし、正妻腹の女ではないとも推察される。十二世紀末、鎌倉時代ではあるが、正治《しょうじ》元年（一一九九）右大臣家実《いえざね》二十一歳が五節を献上したが、「舞姫〈六条三位経家《つねいえ》卿落胤《らくいん》、生年九歳と云々〉」（『猪熊関白記』十一月十三日条）、とある。藤原経家は、父は故正三位大宰大弐重家、母は中納言家成女で、非参議ではあるが、文治五年（一一八九）に従三位になっており、公達層である（『公卿補任』）。ただし、落胤とあるので少なくとも母は妾か愛人であろう。しかし、舞姫は摂関期よりもより上位貴族出身女性だった。

舞姫になると多くの禄が与えられ、後に検討するように、莫大な収入を保証された五節舞師に任命されることもあり、女性自身も上昇することができる可能性を秘めていた。ゆえに近親者が選ばれるようになり、しかも公卿層の女性でも正妻腹以外であれば、舞姫になることがさほど抵抗感がなくなったことも推察される。院政期を経て、舞姫には大きな変容があったようである。

2．五節を名のる女房たち

1では、主として記録類から出自がわかる舞姫を提示し分析した。ここでは、「五節」の女房名を持ったり、あるいは和歌・物語等から判明する、出自がわかる実在の五節舞姫を探索してみたい。

A藤原滋包《しげかね》女

　五節の舞姫にて、もし召し留めらるる事やあると思侍けるを、さもあらざりければ

藤原滋包がむすめ

くやしくぞ天つ乙女となりにける雲地たづぬる人もなきよに

（『後撰和歌集』巻十五・一一〇一番）

藤原滋包は藤原真道《まみち》孫、陸奥守連並《つらなみ》息で、兄弟に陸奥守忠国《ただくに》がおり、本人も陸奥介とある（『尊卑分脈』）。従兄弟に当たる佐忠《すけただ》の息時明《ときあき》は、正暦元年（九九〇）和泉守在任中五節舞姫を献上しており（『小右記』正暦元年九月十四日）、長保二年（一〇〇〇）四月九日、「頼任《よりとう》元の名公信《きみのぶ》、勧学院学頭なり。故勘解由長官佐忠孫、而して故山城守時明朝臣男なり」（『権記』）とあり、すでに亡くなっている。滋包女は、十世紀中期頃の舞姫であろう。下級貴族層の女

性である。当時、舞姫は、「もし召し留めらるる事やある」と期待していたことがうかがえる。詞書からして、天皇の元に召し留められることはなかったものの、『後撰和歌集』に歌が載っており、女房づとめの経験がある可能性も高い。

B少将のお（を）もと

をなじところの少将のをもと、五節の舞姫して返たるに
神舞《かみまい》しをとめにいかで榊葉《さかきば》の変はらぬ色と知らせてしかな
（『実方集』八四番歌）

藤原実方は、祖父は忠平男師尹《もろただ》、父定時《さだとき》は従五位上侍従《じじゅう》で終わっているので早世したと推察され（『尊卑分脈』）、叔父済時《なりとき》の養子となっている。長徳元年（九九五）正月陸奥守に任じられ、九月二十九日罷申《まかりもうし》を行い下向し、長徳四年十二月に任地で卒した（『大日本史料』第二編之三）。「をなじところの」とは、小一条殿女御済時女娍子《せいし》であり、「少将のをもと」とは、娍子に仕える女房である。「五節の舞姫して返たるに」とある文言が実態に即した時間的経過を記述しているとすると、すでに女房仕えをしていた女性が、五節舞姫に点じられたのだろうか。

C五節の弁

五節の弁といふ人侍り。平中納言の、むすめにしてかしづくと聞侍《ききはべり》し人。絵に描いたる顔して、額いたうはれたる人の、目尻《まじり》いたうひきて、顔もこゝはやと見ゆるところ

なく、色白う、手つき腕《かいな》つきいとおかしげに、髪は、見はじめ侍し春は、丈に一尺ばかりあまりて、こちたく多かりげなりしが、あさましう分けたるやうに落ちて、裾《すそ》もさすがに細《ほそ》らず、長さはすこしあまりて侍めり。（『紫式部日記』）

紫式部の同僚女房評であるが、なかなか評価が高い。平中納言惟仲《これなか》が、養女にしている女性とある。一条天皇中宮藤原彰子が敦成親王出産の後、寛弘五年（一〇〇八）九月十六日夜、「若き人は舟にのりてあそぶ」中に「五節の弁」が見える。「五節」は、五節舞姫経験者ゆえの、「弁」は養父の官職にちなむ女房名であろう。平惟仲は永延元年（九八七）七月右少弁に任じられ、正暦三年（九九二）八月右大弁兼任で参議になり、長徳二年（九九六）七月権中納言に任じられたときに左大弁を去っている（『公卿補任』）。惟仲は正暦元年（九九〇）に近江守で、長徳四年（九九八）に中納言で、二回五節舞姫を献上している。正暦元年右大弁三十一歳の時に親族関係にある少女を養女にして舞姫に献上し、彰子女房として仕えさせた可能性もあろう。もし中納言で献上したときに養女にした舞姫なら「五節の中納言」と名のることになるが、中納言では前述のように養女でも舞姫に献上しないと推察される。紫式部が、女房になったときは髪が長く多かったが今は抜け落ちている、と記すことから推考するに可能性は高い、と思われる。惟仲が道長父兼家の有能な家司だったことは著名である。惟仲は中納言に昇るものの本来は中下級貴族層である。

D五節の君

若君の御乳母《おんめのと》は、かねてより申ししかば、五節の君、故三河の守まさたかが女、衛門の大夫致方《むねかた》が妻ぞ参りたる。　（『栄花物語』）

『栄花物語』巻第二十一「後くゐの大将」で、治安三年（一〇二三）十二月二十六日、道長息教通妻公任女が、男児を出産した場面である。なお、教通妻は、翌正月六日に亡くなる。五節の君は、三河守方隆《まさたか》女とあるが、冨岡甲本では「つのかみまさただがむすめ」とあり、藤原方隆は三河守の所見もなく、「長徳四（九九八）・七卒」（『尊卑分脈』）とすでに没していることから、方隆の兄方正《まさただ》であろうとされている（藤本勝義・二〇〇八）。方正は道長の家司であり（『小右記』寛仁二年十月二十二日）、娘が教通男の乳母となるのも道理であろう。衛門大夫致方は、母が三条天皇皇后娍子乳母式部の宣旨で、長元三年（一〇三〇）六月二十三日、武蔵守で平忠常《ただつね》追討のための国解を出しており、受領層である。方正女は、五節舞姫となり、その後平致方の妻となり子どもを出産し、教通息の乳母として女房づとめをしたのであろう。その後、中宮妍子所生の三条天皇皇女禎子内親王の乳母となり、妍子崩後に歌を二首詠んでいる（『栄花物語』巻第二十九　たまのかざり）。後一条崩後に追慕の和歌も詠んでいる「五節の君」（『栄花物語』巻第三十三　きるはわびしとなげく女房）も同一人ではないかとされている。

なお、『平安人名辞典―長保二年』では、『後拾遺和歌集』の「五節の命婦」、『上東門院彰子菊合』『権大納言師房歌合』『右近少将公基歌合』『備中守歌合』等の「五節」や、伏見宮御記録『奏箏相承血脈』に「五節命婦、麗景殿女御女房、又号嵯峨命婦」も同一人ではないかとされているが、不明である。いずれにしても、五節舞姫が内女房や家女房として出仕し、乳母になることもあったことはたしかめられよう。

院政期における「五節」を女房名に持つ女性の追究はいまだなしえておらず、今後検討したいと考えているが、少なくとも摂関期には、五節舞姫が女房になったことは確実である。

3．倒れる舞姫たち

年齢がわかる五節舞姫は、九歳や十二歳であり、舞姫に選ばれてから着裳をして大人になり、舞を舞ったことを見た。現代の満年齢にすると、八歳や十一歳、小学校の三・六年生である。幼い少女が、富と権威を誇るために、絢爛豪華な衣装を着せられて、少なくとも朔平《さくへい》門《もん》から五節所が置かれる常寧殿まで、多くの貴族層が興味本位で見守るなか、長袴をはき、几帳で囲まれたなかを、緊張して歩くのである。当然ながら、体調を崩す舞姫たちが多かった。ここで、その実態を見ておきたい。

舞姫不足の例〈修理大夫悦女〉

延喜十九年十一月十六日〈一人、忽ち物気を煩い他人を以て舞わしむ〉

二十年十一月十五日〈一人煩う所あり、参上せず〉

天慶五年十一月、殿上舞姫、忽ち病、参らず。忠幹女。

（『江家次第』十一月・五節御前試事）

延喜十九年（九一九）十一月十六日は庚辰で豊明節会、舞姫はすでに見た源悦女である（事例①）。急遽他の舞姫を調達できたようである。同二十年十一月十五日壬寅の御前試は、残念ながら、舞姫も献上者も不明である。天慶五年（九四二）は、忠幹女が煩い不参だった。

長保元年（九九九）十一月二十三日壬寅、蔵人頭藤原行成は、次のように記している。「今夜御前試なり。生昌《なりまさ》の舞姫にわかに煩いありて障りを申す。延喜二十年、天慶五年の例によりて、三人舞うなり」（『権記』）。寅日は天皇の前で行う御前試だった。平生昌が献上した舞姫が、にわかに煩い参上せず、三人で舞ったことがわかる。

長元五年（一〇三二）十一月二十二日庚寅、同居の婿兼頼の五節献上を実質経営した右大臣実資は、次のように『小右記』に記している。

去夜、舞姫忽ちに煩う由、師重《もろしげ》朝臣申す。「但し、今朝は、案内を承らず」てえり（中略）又云わく、「五節舞姫煩有るの時、参上せざるか。延喜・天慶の間、その例あり。中将（兼頼）の五節舞姫悩気あると云々。もし、猶軽からざらば如何《いかん》」。随身信武《ずいじんのぶたけ》云わく、「舞姫殊なること無きの由、之を承る」と。女房のもとより示す所、信武の言の如し。

故殿（実頼《さねより》）御記

天慶元年（九三八）十一月二十五日、戊辰、節会恒の如しと云々。余、舞姫を訪《とぶ》らうために、彼の曹司《そうじ》に向かう。親王・公卿・殿上侍臣等、多く来たる〈余奉る所の舞姫、更に退出し舞わず〉。

天暦十年（九五六）十一月十三日、辛丑、五節舞姫数の如く参ると雖も、四人ながら舞わず。甚だ勘当《かんどう》有ると云々。

応和三年（九六三）十一月二十日、戊辰、云々。五節未だ出ざるの前、東宮（憲平《のりひら》親王）退下す。第四舞姫還らず、その舞中間に居り、甚だ悩気有り。この間入御す。

この時の舞姫は、前述のように前長門守定雅女だった（事例⑪）。やはり、夜参入の緊張と疲労で煩ったのだろう。翌日には回復したようである。実資は、養父（実祖父）実頼の日記から、舞姫が煩った例を抽出してくれている。天慶元年に煩った舞姫は実頼献上の舞姫だったことが判明し、しかも、本番ともいえる豊明節会で舞っていない。応和三年の例は、まだ五節舞姫が終わっていないときに東宮が退出してしまい、舞姫は戸惑い、悩気を発したのだろうか。幼い乙女に、とっさの判断を迫るのは、酷《こく》といえよう。

康保三年（九六六）十一月には、「舞姫一人不参、試なし」（『西宮記』十一月・於常寧殿試五節事）と、常寧殿で行われる予行練習がなかったこともあった。

院政期になっても舞姫が煩い不参する例は多い。

なお、康和二年（一一〇〇）十一月十五日丁丑、「頭中将暗に打つ事、加賀五節着裳せざるを忌む事」（『大日本史料』第三編之五所収『長秋記』）とある。目録なので内容があまり明確ではないが、加賀守藤原季房《すえふさ》が献上した舞姫が裳着以前だったことが忌まれている。裳着をして大人になった女性を舞姫にする必要があったことが推察される。しかし、童女ではなく成人女性だったとしても実質的な年齢は変わらないので、年若い少女が倒れることは想像できよう。少女たちにとって舞姫は、大変な任務だったのである。

第二節　五節舞師

1．舞姫の教習と舞師

(1)摂関期の舞師

十世紀初頭は、公卿層の実子が舞姫になることもあったが、次第に受領層である下級貴族層の女性たちが舞姫に充てられるようになったこと、舞姫たちは内裏や家女房として出仕することがあったことなどを見た。じつは、五節舞姫経験者たちの最も期待される職位は、舞姫を調習する舞師になることではないかと思われる。ここでは、まず舞姫に決まった女性たちがどのように五節舞を習うのか、教習のあり方の史料を見たい。

①長保元年（九九九）十一月十六日乙未の『小右記』の記事である。この年中納言実資が献上者だった。

　五節舞姫宅、今日師を迎えしめて習わしむ。雑物、師禄絹三疋、米五石〈三石は饗料、二石は従者の禄料〉、菓子、魚物等を分け遣わす。

実資の五節舞姫は、前備前守相近女だったから（前節の事例⑧）、相近宅に「師」を迎えて舞を習わせている。「師禄絹三疋」は教習料として舞師に与えた禄である。なお、実資の舞姫は二十二日辛丑の亥刻（午後十時頃）に陪従《べいじゅう》（傳）六人・童女二人・下仕《しもづかえ》四人・上雑仕《うえのぞうし》二人を従えて参入するから、師を迎えて教習するのは六日前である（以上『小右記』）。この年の六月十四日に内裏が焼亡しており（『日本紀略』）、一条院里内裏だったゆえ、東対《ひがしのたい》を五節所、母屋二間を舞姫が練習に舞う舞殿とし、「塗籠《ぬりごめ》、師の曹司《ぞうし》とな」（『権記』長保元年十一月二十二日）している。

②長保五年（一〇〇三）十月一日、前年参議になった藤原行成は舞姫献上を命じられた。十一月十一日丁酉、次のように記している。

今日、大和守を相語り、舞姫・小師を尚侍殿（藤原綏子）に迎えしむ。（『権記』）

大和守は藤原景斉《かげただ》で、尚侍綏子《すいし》の父藤原兼家のツマ近江（対の御方）の兄弟である。行成は近江と親しい関係にあったので、綏子の殿舎に舞姫と小師を迎え教習させたのであろう。舞姫参入は十五日辛丑であるから、四日前である。なお、「小師」については後に検討を加えるが、初見史料である。

③寛仁二年（一〇一八）は実資の養子参議資平が舞姫献上者であった。十一月十七日丁亥、実資は次のように記している。

宰相（資平）今夜、五節舞師を迎えると云々。入夜、宰相来たりて云わく、「（中略）、今夜師を迎え、舞を習う。明夕帰るべし」、てえり。（『小右記』）

舞姫参入は十九日丁丑であるから、二日前に、しかも、夜から次の夕方まで一昼夜で教習は終わっている。直前の教習でことたりたのである。「師」「五節舞師」とある。

④万寿二年（一〇二五）は実資が献上者であった。十一月二日、故橋好任女が舞姫であり裳着をしたことはすでに見た（前節の事例⑩）。八日丙戌には次のように記されている。

入夜、車を遣わし小師を迎える、大師の申すに依るなり。先ず菓子等を給う。次に飯菜を給う。今日精進の日なり、よりて精進の菜、味物《あじもの》に相交じるのみ。

九日丁亥の記事である。

舞師今夜送り遣わしおわんぬ。薫物《たきもの》・白物・絹三疋・綿三屯・米五石を給う。前例は絹三疋・綿二屯なり、しかれども、懇切な要物、その詞、恥と異なる、よりて綿一屯を加え給う。また、ことに八木を賜うのみ。家に旧五節有り、よりて日ごろ内々に習わしむ。師を迎えるの間の日、ただ昨今と雖も、練習する所、日有るのみ。

実資の宅にきた小師は、大師が申したゆえであるとあり、大師が自身ではなく小師を送って教習させている。夜きて翌日の夜帰っており、一昼夜の教習であった。ただし、実資家にはかつて舞姫をつとめた「旧五節」がいるので、日頃内々に練習させておいたので昨今（一昼夜）でよかったのだ、とある。五節舞姫経験者が家女房だった例である（以上『小右記』）。舞姫参入は十一日己丑であるから教習したのは三日前である。

⑤長元五年（一〇三二）十一月二十一日己丑、実資の娘千古の婿兼頼が献上者だった。兼頼は道長次妻源明子腹頼宗の長男で十九歳、前年参議になったゆえの舞姫献上であった。実父権大納言頼宗は健在であるが、妻方に居住しているゆえに、儀式等の費用は妻の父実資が援助した（服藤早苗・二〇〇五）。ゆえに、実資は自分が舞姫を献上するのと同じだ、との慨嘆を記していた。十九日丁亥である。

今夜□舞姫〈前長門守定雅朝臣女〉、次いで小師を迎う。先ず菓子、□物〈折敷《おしき》四本〉を給う。亦、従女等に食を給う。次に裳代の絹一疋を給う。次いで舞を習わしむ。

翌二十日戊子である。

舞姫の小師を返し送る。例禄を給う〈三疋・三屯・或いは二屯と記す〉、之を返し遣わす。殊に八木五斛《こく》（石）、几帳《きちょう》帷《かたびら》・畳四枚・火桶《ひおけ》等を取る。今朝、手洗《てあらい》楾《はんぞう》を執らんと欲す。しかるに出納《すいとう》の男、乞い、返し給わらず。よりて忿怒《ふんぬ》きわまりなし。

二十一日己丑が参入であるから、小師による教習は二日前から前日にかけて、一昼夜教習している。禄の絹三疋と綿三屯は同じで、他に八木（米）五斛（石）と、几帳帷・畳四枚・火桶等を与えている。練習のために作ったものは舞師に与えたのである（以上『小右記』）。

(2)院政期の舞師

十世紀末から十一世紀の実際に舞師が舞姫に舞を教えている史料を見てきたが、十二世紀になってもさほど変わっていない。

⑥寛治五年（一〇九一）十月四日、加賀守藤原為房《ためふさ》が五節献上に決定する。十一月十六日庚子の記事である。

今日、小師を迎う〈名草《なぐさ》〉。北隣宅において舞姫に調習せしむ。

やはり小師を迎えて舞姫に調習させている。翌十七日辛丑には、舞姫が参入しており、小師による調習は前日である（以上『為房卿記』）。

⑦大治二年（一一二七）十一月十五日辛丑、権大納言藤原宗忠の舞姫献上であるが、次のように記している。

今朝舞師〈小伊与《こいよ》〉を侍廊《さむらいろう》に迎え、舞姫に舞を習わしむ。晩景、帰らしむの間、□例禄の外、女房装束皆もって放ち取りおわんぬ。故実と称す。また、制止せざるなり。大略近年の作法なり。

十五日は丑で、「下官の姫、暁に参入せしむ」とあり、宗忠の舞姫は暁に参入している。後述するが、院政期には、規則どおりに夜参入するのは一組か二組になっており、他は暁に密々に参入する慣例ができていた。この年は、夜参入するのは尾張守藤原長親《ながちか》と越後守藤原政《まさ》（雅）教《のり》の舞姫で、宗忠と権大納言源能俊《よしとし》の舞姫は暁に参入している。暁に参入したのに、今朝舞師を迎えて舞姫に舞を習わせたのはつじつまが合わないが、暁参入とは、後述（第四章第一節2）するように「密々」の意だと思われる。舞の教習は朝から夕方までの時間であった（以上『中右記』）。

⑧長承元年（一一三二）十一月は、新参議藤原宗能《むねよし》の献上である。十一月十九日丙子、宗能の実父宗忠の日記である。

宰相中将（宗能）五節を献ず。同所の間、偏に沙汰する所なり。夕方小師を侍廊に迎え舞を習わしむなり。共の女官七人扈従《こじゅう》す。

> 二十日申時（午後四時）ばかりに舞師に例禄を給う。車を以て送りおわんぬ。今夕五節参入す。

舞姫参入の前日の夕方小師を迎え、参入当日の昼過ぎに舞師に例禄を与え送っている。「小師」も「舞師」とある。なお、前述の⑤では、実資が同居の婿兼頼の舞姫献上を自分の経営のごとく援助していたが、十二世紀になると献上者の妻の父ではなく、実父が主体的に経営援助しており、婚姻居住形態の変容が如実に見てとれ、注目される（以上『中右記』）。

⑨久安二年（一一四六）十一月は内大臣藤原頼長の献上である。十一月十日丙子、頼長は舞師を迎える。

> 深更、舞師采女安芸《あき》来たる。余、烏帽《えぼし》・直衣を着し舞姫を率い相逢う、舞を習わしむ。例禄の外、別に禄の長絹三疋を賜う。式部大夫盛憲《もりのり》之を賜う。先例このこと無し。しかれども安芸老衰に及ぶ〈八十余〉。議者《ぎしゃ》たり、よりて之を優すのみ、例となすべからず。舞教えおわんぬ。暁に及び退出す。永久は丑日退出。今度は早く出ず。親隆の所行なり、失と謂うべし。

十一日丁丑が参入なので、前日の深夜から暁までの五・六時間ほどの舞師による教習である。しかも、舞師安芸はなんと八十余歳である。頼長は老衰ゆえに教えられないとはまったく記さず、逆に議者、すなわち物の道理をわきまえた者と高く評価し優遇して、禄をよけいに与えている。永久三年（一一一五）に実兄忠通が舞姫を献上した吉例と比べると舞師を返すのが早すぎたと、几帳面な頼長は憤慨している（以上『台記』）。

⑩保元二年（一一五七）十一月、平信範は右大臣藤原基実の舞姫献上を家司として担当しており、詳細な記事を『兵範記』に残している。十二日甲戌である。

今日五節舞姫小師、例により之を召し居えらる。上客料理廊をその候所となす。季長《すえなが》仰せを奉り、雑具を鋪設《ほせつ》せしむ。兼日沙汰有り。相儲けられる所なり。

伊予簾《いよすだれ》三間（注略）・畳十枚（注略）・几帳一本（注略）・燈台一本（注略）・絵火桶《えひおけ》一口（注略）・炭取一口（注略）・手筥《てばこ》一合（注略）・私筥《しのはこ》・椋手洗・唐紙屏風一帖（注略）・

菅円《すげのわろうど》座《ざ》一枚〈舞姫座料〉。

件の鋪設雑事、且《かつが》つ永久例に存じ、調え儲けらる所なり。

晩頭、迎え車を遣わす（注略）、すなわち参入す〈件の小師内侍所の女史《じょし》、字大宮《あざなおおみや》なり。大師美作《みまさか》前内侍により、与奪し奉仕すと云々〉。

小師料、高坏《たかつき》二本〈二種物、美麗に之を調備す〉。

陪従四人〈二人は高坏物《たかつきもの》各一本、女房料と称す。二人は折敷《おしき》物、□□女官〉。

（以下脱落有り）

後の文が脱落しており、明確に小師が舞姫に舞を調習した文言がないが、間違いなく小師がきて舞姫に舞を教えるために設営がなされ、晩頭に小師がやってきた場面である。小師は内侍所の女史、字は大宮、とある。大師の美作前内侍が「与奪し奉仕」との意味が取りにくいが、大師が出てくるので、大師によって（小師に教習の許可が）与えられ奉仕した、と考えてよいと思われる。十五日丁丑には、「舞姫の小師、今朝東三条殿を退出しおわんぬ。曹局鋪設の雑具、併《しか》しながら（全部）運び取りおわんぬ」と舞姫の小師が返され、教習のために用意した装束調度類はすべて小師に与えられている。同日に、「大師の饗餞《きょうせん》、今夜より政所《まんどころ》調え送る」とあり、大師は舞姫参入の日に五節所に入っている。

以上、日記などの記録類で舞師による教習が明記されている史料のみを提示した。舞師による舞姫への五節舞教習では、次のような特徴が明らかになる。

a 舞師は舞姫や舞姫献上者の邸宅まで出向き、教習していること

b 舞師には「大師」と「小師」がおり、ともに「舞師」とよばれ、「小師」が実際に教習する場合が多いこと

c 舞師は舞姫参入の六日から前日、あるいは当日の朝方に教習していたこと

d 舞を教えた舞師には禄が支給されたこと

e 舞師は、「名草」「小伊与」「安芸」「大宮」「美作」等の女房名と思われる名前を持っていること

f五節舞は、舞師が一昼夜ほど教習すれば習得できる、簡単な舞であったこと五節舞は簡単な舞だったことは重要である。たとえば、男性の宮廷貴族が選定される御賀舞《おんがまい》では、舞人に指名されると半年以上舞師について集中的な舞の特訓を受けねばならず、舞師への教習料や舞装束の調達費用も莫大であったという（豊永聡美・二〇一二）。御賀舞と比較すると、一昼夜、あるいは五・六時間で習得できる五節舞の簡単さが理解できよう。また、舞師派遣に、雅楽寮《ががくりょう》も内教坊《ないきょうぼう》もいっさい出てこないことも強調しておきたい。

なお、⑨の采女安芸、⑩の小師は内侍所女史大宮、大師は美作前内侍等からして、舞姫が院政期にも内女房になることが確認されることも指摘しておきたい。

では、この舞師たちは、どのような者が、どのように任命され、どのように任務を果たすのか、次に検討していきたい。

2. 舞師の任命と実態

五節舞師の具体的実名も記載される大変興味深い史料は、長徳四年（九九八）十一月四日の『権記』である。

参内す。（中略）、勅して云わく、「良岑《よしみねの》氏子《しし》を五節師となせ」と。則ち、名簿を給う。名簿に従五位下良岑朝臣氏子〈長徳四年十一月三日、宣旨によりその人に仰すと云々〉

と注す。

行成は右大弁で蔵人頭、すなわち頭弁だったゆえに、天皇の勅をうけて宣旨を下す手続きを行ったのである。五節師は宣旨によって決定されること、従五位下の位を持っていたことがうかがえる。

五節舞師が宣旨によって決定されることは、応和四年（九六四）二月二十九日に任命された中臣静子《せいし》の例がある。

内教坊頭預　中臣静子〈応和四年二月二十九日　別当奏補　五節師は内侍宣を以て、本人及び内侍所に仰せらる。旧舞姫を以て師と為す〉。（『西宮記』臨時・臨時雑宣旨）

中臣静子が「内教坊頭預」に別当の奏上により任命され、内侍宣で本人及び内侍所に仰せ下されている。旧舞姫が五節師となっている。内教坊は、唐において開元《かいげん》二年（七一四）に新内教坊が設置されたのを模して、八世紀初頭元正《げんしょう》朝に雅楽寮付属機関として設置された令外《げ》の官で、本来は渤海《ぼっかい》等の外国使節の賜宴を彩る女楽のために設置したとする説や（林屋辰三郎・一九六〇、瀧川政次郎・一九六五）、渡来系の女性たちを中心に渡来系の集団舞踏である踏歌を教習するために設置したとする説（鈴木規子・一九八七、文珠正子・一九九九）がある。八世紀後半になると内教坊は当初の渡来系妓女から倭系妓女となり、平安時代になると踏歌のみならず女楽を掌《つかさど》る一奏楽機関として独立した。女性による歌舞を指導教授するようになり、平安前期には女性の頭を、中期には男子の別当を筆頭とした体制が確立した。内教坊妓女は、正月の白馬節会《あおうませちえ》・内宴《ないえん》・九月九日の菊花宴《きくかえん》などで雅楽を中心とした奏楽の歌舞を演奏した。内宴は長元七年（一〇三四）以後中絶し、保元三年（一一五八）に再興され翌年も行われたが以後廃絶する。白馬節会での妓女舞も十一世紀末には衰退する。ただし、内教坊妓女の名称等は中世まで残る（服藤早苗・二〇一四a）。

　五節舞の舞師は、本来雅楽寮にいたが、斉衡《さいこう》二年（八五五）八月二十一日、雅楽寮所属の五節舞師を停止する太政官符が出た。しかし、同年十二月二十一日には改めて五節舞師を置くように規定されており（以上『類聚三代格』）、九世紀の段階では五節舞師は雅楽寮所属だった。一方、『伊呂波字類抄《いろはじるいしょう》』には、「五節舞師〈文徳《もんとく》天皇御宇《ぎょう》、斉衡三年丙子、之を始む。寛平御時、舞姫公卿進るべきの由、始めて宣下さる〉」とあり、翌斉衡三年のこととされている。『伊呂波字類抄』の五節舞師は割注から見て間違いなく新嘗祭に舞う五節舞姫を教習する舞師であるので、斉衡三年は、雅楽寮に置かれた舞師とは別に内教坊に置く五節舞師ではないかと思われる。

　いずれにしても、中臣静子は、内教坊頭預の職名で五節舞師になったこと、「旧舞姫」、すなわち舞姫経験者だったこと、内侍宣の伝宣形式だったこと、内侍所に仰せられたことが判明する。しかし、『西宮記』第二巻（臨時）二諸宣旨では、「五節師事〈内侍宣を以てその人に召し仰すと云々〉」と内教坊の関与はないように思える。さらに、長徳四年の段階では、蔵人頭が宣旨を下しており、内侍宣ではない。しかも内教坊の文言はない。五節関係の淵酔《えんずい》等は、後述するように蔵人頭が統括者であった。これは、十世紀後期には、天皇が蔵人を介して直接的に所々を管理していく動向に対応しており（佐藤全敏・二〇〇八）、五節舞師は、当初は雅楽寮に、九世紀には内教坊に所属したものの、十世紀には、天皇が蔵人を介して直接管理していくようになったのではないかと思われる。なぜなら、内教坊の女楽は雅楽であるが、五節舞は日本固有の歌謡である大歌《おおうた》が奏された（永田和也・一九九〇）からである。なお、内教坊妓女が遊女に発展したとされる説（網野善彦・一九九四、後藤紀彦・一九八六）では、史料的根拠はまったく提示されていない。管見の限りでは、内教坊と遊女の関係を示す史料はまったくないことも付け加えておきたい。

前述の良岑氏子に戻ると、長元七年（一〇三四）十一月十六日壬寅にも出てくる。参議右大弁源経頼《つねより》五十九歳は『左経記《さけいき》』に次のように記している。

或る者云わく、「昨夜五節参内の間、降雨により、或いは人に負われ、或いは他の門より入る」と云々。舞師氏子、日来病悩。よりて孫女をもって代官と為し参らしむと云々。

舞師の宣旨を獲得して三十四年間、良岑氏子は舞師としてつとめてきた。さらに、十一月二十一日丁未の記事である。

昨日頭権弁語りて云わく、「五節舞師病により孫女を参らしむ。云わく、『御前試の夜参上の間、未だ宣旨を奉らざるにより制止し上らず』。しかるに或る者云わく、『帳台試の夜代官となり参候す。主上ならびに関白密かに彼の宿所に御す。すでに咎の仰せを被ること無し。是れ天許有るか』、てえれば、参上せしめおわんぬ」てえり。

清涼殿で行われる寅日の御前試に、舞師として五節所に参上した孫女に、いまだ宣旨を被っていないではないか、と清涼殿殿上に上らせない措置をとる者がいたが、前日の丑日の帳台試ですでに後一条天皇も関白頼通も許可したのであるから良いとの結論になり、参上している。なお、丑日の夜中に行われる帳台試では、舞師の席に天皇や関白がやってきて同席して舞姫の練習を覧《み》るが、この帳台試に関しては後述する。舞師の職が祖母から孫に継承され、それを天皇も関白も承認したのである。

ところで、舞師中臣静子は「旧舞姫」とあった。つまり、舞師は舞姫経験者が選ばれるのである。とすると、良岑氏子は、永祚元年（九八九）十一月に藤原実資が献上した際の舞姫ではないかと推察される。すでに記したように、この年の実資献上の舞姫は、「中務少輔遠高女」（前節の事例⑥）だった。良岑氏子と同じ良岑姓である。さらに、実資は舞師に便宜を図っている。万寿二年の実資献上では（本節の④）、様々な物を与えていた。万寿二年（一〇二五）十一月八日丙戌、「五節大師、昨日要物の消息有り。前例無きと雖も、今日、桑糸三疋を送る。（中略）、入夜、車を遣わし小師を迎える。大師の申すによるなり」と絹三疋を送っており、小師を送ってきたのは大師の進言によってであった。翌九日に、舞師の詞によって多くの物を与えたことは前述した。十二日庚寅には、「菓子を交えた二櫃《ひつ》を大師の許に送る」と大師に菓子を送り、十四日壬辰、「大師の前ならびに禄、大納言頼宗、労送す」と大師の膳が頼宗から実資分として送られている。大師への対応が大変親切なのである。舞師は舞姫経験者が任じられること、良岑と姓が同じであること、等から勘案して遠高女＝氏子の可能性が高いと思われる。

以上の推察にさほど無理がなく、良岑氏子が実資の献上した舞姫だとすると、病気で孫女に譲った長元七年まで四十五年間になる。裳着後の十五、六歳で舞姫を経験したとしても六十歳以上になり、舞姫に教えるには年を取り過ぎてはいないか、との疑問を持たれよう。しかしながら、前述の⑨久安二年の頼長献上での「舞師采女安芸」は「老衰」で「八十余」歳であり、矍鑠《かんしゃく》として舞姫に舞を教えていた。これから考えると良岑氏子の六十歳前後もけっして不合理ではない。五節舞は、八十余歳でも教えられる舞だったのである。

また、永久元年（一一一三）十一月十日、藤原忠実は、「五節会舞師去年死去しおわんぬ。よりて其の代、沙汰有るか〈しかるべき者を聞かず〉」と『殿暦』に記している。五節舞師は死去するまで終身職だったことが推察される。この後、誰が舞師に任命されたのか具体的な実態がわかる史料はないが、この年も翌年も別段変化なく五節舞姫献上がなされているので、五節舞師が正式に任命されたのだと思われる。舞師安芸が八十余歳だったことも、終身職の根拠の一つになる。

五節舞師は、平安時代初頭は雅楽寮に存在したが、それとは別に新嘗祭の五節舞姫を教える五節舞師は、九世紀中期に内教坊に置かれ、内教坊頭預として内侍宣が下されたが、十世紀後期には直接蔵人から宣旨が出されたと推察されたこと、舞師は五節舞姫経験者が任命され、病気や死去により新しい舞師が任命される終身職であったこと、等が明らかになった。では、舞師の大師と小師はどのような関係であろうか。次に大師と小師を検討したい。

3. 大師・小師と禄・賜物・従女

大師が出てくる初見史料は、永祚元年（九八九）十一月十四日辛卯、実資が舞姫を献上した年の次の史料である。

修理大夫《すりたいふ》（懐平《かねひら》）、今夕、大師の前物等を送る〈絹六疋・綿三屯を相加うと云々〉。（『小右記』）

実資の実兄懐平が実資の代わりに大師に膳（前）物を送った記事である。卯日であるから、童女御覧が行われる五節期間中である。

小師は、前述の②長保五年（一〇〇三）の行成の舞姫献上記事が管見での初見であり、小師を迎え教習をしていた。

大師と小師がともに出てくるのは、前述の④万寿二年（一〇二五）実資の舞姫献上である。十一月八日には大師の申し出によって小師を迎えて舞姫に教習させたことが説明されており、小師は舞師ともよばれていた。十二日庚寅には五節所の大師のもとに菓子等を送り、十四日壬辰には大納言頼宗が大師の前物と禄を実資の代わりに送っている。小師は教習、大師は五節期間中に内裏におり、前物が送られている。

表6は、舞師たちに賜与された禄や賜物の一覧である。禄等から大師と小師の関係がわかるので、まず賜与物を検討したい。なお、教習の史料はないが禄が詳細に記されているのは、永久三年（一一一五）内大臣忠通が献上した五節舞姫の定文で、『類聚雑要抄』に残されており、用途類が詳細にわかる。この定文では、大師と小師は一人ずつしか登場せず、実際の史料でも同様なので、各一人の規定だったと思われる。

舞師に与えられる禄や前（膳）物を大きく分けると三つになる。第一は禄で、表6から、永祚元年は、「師の禄は絹三疋、米五石〈三石は饗料、二石は従者の禄料〉」、長元四年は「舞師絹六疋・綿代の信濃布六段」「小師絹二疋・綿代の信濃布四段」とあった。永久三年の定文の「禄」では、舞姫は絹十六疋・綿九十四屯、大師は絹六疋・綿三束、小師絹二疋・綿二束となっている。保元二年は、大師は美六丈絹六疋・綿三連（三十両）・凡絹百疋、小師は六丈絹二疋・綿二連・凡絹三十疋、元暦元年は、大師は長絹六疋・綿三連（三十両）・凡絹百疋、小師は上絹三疋・綿二連（二十両）とある。万寿二年は、「舞師今夜送り遣わしおわんぬ。薫物・白物・絹三疋・綿三屯・米五石を給う。前例は絹三疋・綿二屯なり、しかれども、懇切な要物、その詞、恥と異なる、よりて綿一屯を加え給う。また、ことに八木を賜うのみ」とあり、本来の舞師（小師）の禄は、「絹三疋・綿二屯」だったことがわかる。ただし小師に絹三疋が与えられているが、理由は不明である。なお、永久三年の「禄法」は後述する。十二世紀末の元暦元年から勘案して、大師長絹六疋・綿三連、小師上絹三疋・綿二連の禄（例禄）は、平安時代ほぼ変わらなかったと思われる。

第二は、当日使用するために作った調度品が賜与された贈物である。長元五年十一月二十日に「舞姫の小師を返し送る。例禄を給う〈三疋・三屯・或いは二屯と記す〉。之を返し遣わす。殊に八木五斛、几帳帷・畳四枚・火桶等を取る。今朝、手洗椋を執らんと欲す。しかるに出納の男、乞い、返し給わらず。よりて忿怒きわまりなし」と、舞の教習のために作った几帳帷・畳・火桶等を与えた。手洗椋も与えようとしたのに、実資の出納の男がほしがって渡したので、小師は忿怒きわまりなかった、と記している（『小右記』）。大治二年十一月十五日辛丑には、「帰らしむの間、□例禄の外、女房装束皆もって放ち取りおわんぬ。故実と

永久3年・1115 内大臣忠通	保元2年・1157 右大臣基実	元暦元年・1184 権大納言良通
絹6疋・綿3束・八丈絹5疋・綿10屯・凡絹100疋・米30石・棉1口・手洗1口・火桶□口・畳5帖・朝干飯代50疋・菓子百合・絵折櫃菓子20合・絵大外居菓子3合・◎他辰日大師饗料多数	美六丈絹6疋・綿3連（30両）・凡絹100疋以上例禄・黒漆手筥1合(在納物)・几帳1本（五節所）・絵火桶1口（五節所）・炭取1口(五節所)・屏風1帖唐紙・衫筥・台菓子1課以上別給	長絹6疋・綿3連（30両）、凡絹100疋（代白布10反）、乱筥1口（在裹料美絹4丈）、火櫃1口（在鉢箸）、炭取1口、紙立菓子10合、雑菓子270合、饗料5石
共女官9人禄料絹18疋各2・10人各2疋他多数		共女官七人料、白布7反、長絹1疋（執行女官料）
絹2疋・綿2束・掛2両・袴1腰・裳1腰・八丈絹2疋・凡絹30疋・几張1本・紙屏風2帖・高坏1本・火桶1口・棉1口・手洗1口・火櫃1口・畳9帖・燈台1本・手筥1合・米20石	六丈絹2疋・綿2連・掛1重・濃袴1腰・凡絹30疋・女官2人各疋絹	上絹3疋、綿2連（20両）、掛1重、濃袴1腰、凡絹30疋（代白布3反）、細美布1反（手巾料）、美絹4丈（帯料）、几帳1本、手筥1合、屏風1帖、火桶1口、炭取1口、畳7枚、燈台1本、簾3間、円座1枚、よさみ布7反（共女官7人料）、◎他饗料多数
絹2疋・綿10屯・疋絹3疋	六丈絹2疋・綿10屯（30両）・凡絹5疋・綿2屯別給	絹2疋・綿10屯・凡絹5疋
絹2疋・綿10屯・綿衣3両・裳1腰・唐衣1領・袴1腰・八丈絹3疋・綿10屯・凡絹50疋・火桶1口・私筥1口・畳3帖・朝干飯代30疋・3カ日間別饗3前・絵書大外居交菓子3合・例菓子100合・米20石◎辰日饗料多数	六丈絹2疋・綿1屯・掛1重・袴1腰・凡絹80疋・舞姫丑日装束一襲・同卯日朝餉・台菓子1合	長絹3疋、綿2連（20両）、凡絹30疋（代白布3反）、畳3枚（高札）、棉手洗1具、乱筥1口（在裹料絹4丈）、薫物1裹、白物1帖紙、頬粉1盤、細綿1壺、紙立菓子10合、他饗料米多数
共女官10人各2疋、13人各疋絹	共女官4人各疋絹	執行女官・掛1両・白布1反、共女官7人料・白布7反・雑菓子70合
絹1疋・綿5屯・疋絹3疋	六丈絹1疋・綿5屯・凡絹2疋・綿1屯別給	絹1疋・綿5屯・凡絹2疋
絹1疋・綿5屯・疋絹	六丈絹1疋・綿5屯・凡絹2疋・綿1屯別給	絹1疋・綿5屯・凡絹2疋
綿各3屯・信濃布各2端・各疋絹	信濃布各2端・凡絹各2疋	綿各3屯、信乃布各2反
疋絹2疋		
疋絹1疋・綿5屯・疋絹	六丈絹1疋・綿5屯・凡絹2疋・綿1屯別給	絹1疋、綿5屯、凡絹2疋
絹1疋	六丈絹1疋（行事御蔵）・凡絹7疋（行事御蔵3疋・召小舎人2疋各2疋）	1人（六丈凡絹1疋、凡絹3疋）2人（凡絹各2疋）※この度は給わず。不参なり。
類聚雑要抄	兵範記	玉葉

表6　舞師等に賜与された禄・賜物一覧

年と献者／被給与者	永祚元年・989 参議実資	万寿2年・1025 右大臣実資献上	長元4年・1031 参議経頼	長元5年・1032 参議兼頼
舞師（大師）	絹3疋・米5石 大師前物・相加絹6疋・綿3屯（懐平送る）	交菓子2櫃	絹6疋・綿代信濃布6段・前料絹10疋※舞師の宿所装束具（畳7枚・几帳1基・手洗棖・掛1重・袴1具・焼物・白物少々・扇1枚）	前事、米5石・絹1疋（打敷料）・絹6疋、綿3屯
大師共女官				
舞師（小師）		菓子・飯菜、薫物・白物・絹3疋・綿3屯・米5石（前例は絹3疋・綿2屯）	絹2疋・綿代信濃布4段	例禄、絹3疋・綿3屯・米5斛、※装束具（几帳帷・畳4枚・火桶等）
闈司			絹2疋・綿代信濃布2段	
理髪			絹2疋・綿代信濃布2段	
理髪共女官				
琴師			絹1疋・綿代信濃布1段	
拍子			絹1疋	
今良3人			綿代信濃布2段、禄信濃布各2段	
御門守2人			各絹1疋	
小歌			絹1疋	
蔵人所小舎人			絹2疋	
髪上			禄絹3疋（褂袴料）	
出典	小右記		左経記	小右記

称す。また、制止せざるなり。大略近年の作法なり」とあり（『中右記』）、教習のために作った調度品は舞師に賜与されていた。保元二年も十一月十五日丁丑に教習を終えた舞姫小師に「曹局鋪設の雑具、併しながら運び取りおわんぬ」（『兵範記』）とすべて与えられていた。

とすると、永久三年の『類聚雑要抄』定文の、「一　禄法　大師、八丈絹五疋・綿十屯〈屯別六両〉・凡絹百疋・米三十石・楾《はんぞう》一口・手洗一口・火桶・畳五帖〈高麗二帖・紫三帖〉・朝干飯《あさがれい》〈代五十疋〉・菓子百合・絵折櫃菓子二十合・絵大外居菓子三合」とある箇所は、先の「禄」と比較すると、調度品の賜与物と対応している。

ただし、長元四年十一月十四日には、「舞師の宿所に敷く畳七枚を送る。几帳一基・手洗楾等、随身せしむ。又、掛《うちき》一重、袴《はかま》一具、焼物・日（白カ）物各少々、扇一枚、同じく之を給う」（『左経記』）とある。舞師の宿所は、常寧殿の北庇《きたびさし》に設けられ、様々な調度品が用意される。それを賜与されたのだと思われる。ところが、『類聚雑要抄』定文には、「一禄法」の直前に、「一 舞師房装束」として、「畳五帖〈高麗端四帖・紫畳一帖〉・半畳一枚〈高麗端舞姫料〉・長莚一枚・簾四枚・屏風二帖・几帳一本〈帷在り〉・燈台二本・楾一口・手洗一口・臺一本・盤一枚・絵書板火桶一口〈箸在り〉・手筥一合〈在納物・紙一帖・針差一・畳紙一帖《白物在り》・硯一面・墨一廷・筆四管・小刀一柄・油壺一・粉盤一・櫛六枚〉私筥一口」があげられ、「毎日祇候」のなかには、「菓子三十合〈二十合師料・十合共女官料〉・大籠炭一口〈師料〉・共女官料大原大籠炭九石・師送日共女官九人禄料絹十八疋〈各二疋〉（中略）大師共女官十人〈各二疋〉」と炭等も追加されている。これこそ、常寧殿の舞師宿所に置く調度品と消耗品である。「禄法」にある大師分は、本来は家で行う教習の際の調度品、「舞師房装束」は、内裏常寧殿の舞師局の調度品であろう。長元四年は参議経頼・権大納言能信が公卿として舞姫を献上しており、能信も当然ながら「舞師房装束」を用意したと思われ、経頼の用意する調度品は少なかったものと推察しておく。

第三は、五節期間中の常寧殿での前（膳）物である。永祚元年十一月十四日辛卯には、懐平が大師の前物等を送り、「絹六疋・綿三屯」が加えられていた。万寿二年十一月十二日庚寅、実資は大師のもとに、「交菓子二櫃を送」り、中宮権大夫（能信）が用意した朝餉《あさがれい》前物は大師のもとに遣わすように仰せている。十四日壬辰には、頼宗が「大師前物ならびに禄」を送っている。小師への前物はないので、小師は内裏には参入しないようである。長元五年の実資婿兼頼献上では、十一月二十四日壬辰、豊明節会が終了した後、「舞師前事、今朝東宮大夫（頼宗）示し送る。よりて前物の代米五石・絹一疋〈打敷料〉・絹六疋・綿三屯を送らしむ」と婿兼頼の実父頼宗の要請で「舞師前物」を送っている。前物は代物として米五石・絹一疋であり、絹六疋・綿三屯は禄であろうか。『類聚雑要抄』定文の「一饗」には、「辰日　大師料〈十二本立つ、高坏、打敷あり、副物五十疋、朝干飯〉」と饗料があげられている。なお、ここでも小師の饗料はない。

以上、舞師には大師と小師が各一名ずつおり両方とも舞師とよばれていたが、小師の方が舞姫献上者宅に出かけ舞を教習し、大師は、丑日の舞姫参入からはじまる五節期間中に内裏へ参入し、前物が与えられ、最後に例禄等が与えられたことが明らかとなった。

なお、以上の大師・小師への禄や賜物、饗などは、各舞姫献上者から贈られると推察されるのは、⑥で受領として献上した為房も五節期間中に大師に贈物をしており、大臣や公卿層のみならず、受領層も贈っているゆえである。大師と小師は、新嘗祭で四人分、大嘗祭で五人分の禄や他の給物収入があったのではなかろうか。当時の舞姫経験者としての下級貴族や官人層出身の女性にとっては、大変貴重な収入であり、有利な職だったと推察される。

大師は五節期間中朝廷内で職務を果たし、小師は舞姫を教習する役割を分担していた。また、④では大師の申し出により小師が実資のもとに送られ、⑩の大師の美作前内侍が内侍所女史大宮に小師として奉仕させたことからして、大師は小師を任命する権限を持ち、舞姫経験者の親族等を小師に指名し、自身の後継者にしたと推察される。良岑氏子が大師、孫女が小師だったと推察するのである。⑨で頼長邸にきた舞師安芸は八十余歳だった。大師も各舞姫宅を訪れ、舞を教習したのであろう。なぜなら、舞姫は新嘗祭四人、大嘗祭五人であり、大師と小師が手分けして教習しなければ無理なように思われるからである。

なお、舞師に付き従う従女についても見ておきたい。小師が舞姫献上者宅等によばれ、舞姫に舞を教えるとき、①「従者」、⑤「従女」、⑧「共の女官七人扈従」、⑩「陪従四人〈二人は高坏物各一本、女房料と称す。二人は折敷物、□□女官〉」とあった。小師は、教習のために舞姫献上者宅等に行く際、従女を連れて行き、従女たちにも食事や禄が賜与されている。従者の禄は、①「師禄絹三疋、米五石〈三石は饗料、二石は従者の禄料〉」、と米二石だった。『類聚雑要抄』定文には、大師料に、「一禄法」の「毎日祇候」には、「菓子三十合〈二十合師料・十合共女官料〉（中略）共女官料大原大籠炭九石・師送日共女官九人禄料絹十八疋〈各二疋〉（中略）大師共女官十人〈各二疋〉」とあり、大破子《おおわりご》では、「大師共女官　五十合　小師共女官三十合」とある。元暦元年には、大師の「共女官七人料、白布七反・長絹一疋（執行女官料）」とある。

必ずしも一致していないが、小師には、従女二～四人が同行して教習しており、大師には、七～十人前後が五節期間中に内裏へ同行したようである。

以上のように舞師たちは、舞姫たちに五節舞を教習し、多くの禄を得ることができたのである。さらに次章で具体的史料を提示するが、四日間の五節期間中、内裏へ参入し、天皇と同席する栄誉が得られるのである。下級貴族出身女性にとっては、待望の役職だったように推察される。

第三節　舞姫同行者・援助者～傅・童女・下仕等

1．同行者・援助者と人選～傅・童女たち

⑴人数と禄

表7は、舞姫の同行者たちの人数である。永祚元年（九八九）十一月十二日己丑、献上者参議実資は、舞姫を参入させたが、「金作《きんづくり》車一両・檳榔毛《びんろうげ》五両・莚張《むしろはり》二両、陪従《べいじゅう》女十人・童女二人・下仕四人・樋洗《ひすまし》・上雑仕等なり。前駆《さきがけ》二十余人〈五位十余人なり〉」（『小右記』）とあった。陪従十人・童女二人・下仕四人に、樋洗・上雑仕が付き従っている。陪従は、「かしづき」（『枕草子』）、「女房《にょうぼう》」（『左経記』）、「傅《かしずき》」（『小右記』）ともよばれている。傅女房は、定子献上が十二人と多く、実資・実成十人、参議経頼六人とばらつきがあるが、十一世紀中期以降、公卿層は八人、受領層は六人にほぼ固定化するようである。

童女は、彰子の四人以外、すべて二人である。下仕は、公卿層四人、受領層二人の慣例だろうか。樋洗・上雑仕は時により人数も増減している。

舞姫の行列には同行しないが、舞姫を援助する人たちも多い。舞姫を補佐する必要不可欠

表7　舞姫同行者一覧

同行者／年・献上者	舞姫	傅女房	童女	下仕	その他	備考	出典
永祚元年・989 参議実資献上	1	10	2	4	樋洗・上雑仕	前駆20余人	小右記
正暦4年・993 皇后定子献上	1	12					枕草子
長保1年・999 中納言実資献上	1	6	2	4	上雑仕2		小右記
長保2年・1000 中宮彰子献上	1		4				権記
寛弘5年・1008 参議実成献上	1	10					権記
寛弘5年・1008 参議兼隆献上	1				樋洗2		紫式部日記
寛仁4年・1020 近江守経頼献上	1	6	2	4			左経記
万寿2年・1025 右大臣実資献上	1	10	2	4	上雑仕2		小右記
長元4年・1031 参議経頼献上	1	6	2	4			左経記
長元5年・1032 参議兼頼献上	1	8	2	4			小右記
天喜5年・1057 権中納言師実献上	1	8	2	4			定家朝臣記
永久3年・1115 内大臣忠通	1	8	2	4	樋洗1 上雑仕2		殿暦
久安2年・1146 内大臣頼長献上	1	8	2	4			台記
保元2年・1157 右大臣基実献上	1	8	2	4	上雑仕2 樋洗1		兵範記
永暦1年・1160 丹波守成行献上	1	6	2	2			山槐記
応保1年・1161 伯耆守基親献上	1	6	2	2			山槐記
仁安1年・1166 美作守平宗盛献上	1	6	2	4		※内大臣清盛沙汰	兵範記

の人々である。舞師はすでに述べた。さらに、早くから出てくるのは理髪《りはつ》である。儀式書では『西宮記』（恒例・十一月）の「丑日、於常寧殿試五節事」に「女童女二人・上髪《かみあげ》・下仕・陪従二人の外入れず」と「上髪＝理髪」が常寧殿の帳台試に同行している。記録類では、永祚元年（九八九）十一月十五日壬辰、豊明節会の際、実資五節所に藤原道綱《みちつな》や藤原誠信《さねのぶ》がきて脱衣して理髪に与えており、実資舞姫の五節所に理髪がいたことが判明する（『小右記』）。十世紀から理髪が参加していた。

『左経記』長元四年と『類聚雑要抄』永久三年定文及び『玉葉』元暦元年には、禄が与えられる人に次のような役職が含まれている（△印は『類聚雑要抄』永久三年定文、○は『玉葉』元暦元年十一月二十二日条、表6参照）。

闈司《いし》……絹二疋（△・○絹二疋）・綿代信濃布二段（△綿十屯・疋絹三疋、○綿十屯・凡絹五疋）

理髪……絹二疋（△絹二疋・八丈絹三疋、○長絹三疋）・綿代信濃布二段（△綿十屯・凡絹五十疋、○綿二連・凡絹三十疋）

琴師……絹一疋（△・○絹一疋）・綿代信濃布一段（△＋綿五屯・疋絹三疋、○＋綿五屯・凡絹二疋）

拍子……絹一疋（△＋綿五屯・疋絹、○＋綿五屯・凡絹二疋）

今良《ごんろう》三人……綿代信濃布二段・禄信濃布各二段（△綿各三屯・信濃布各二段・各疋絹、○綿各三屯・信濃布各二段）
御門守《みかどもり》二人……各絹一疋（△疋絹二疋、○なし）、※○は仕人各布一反
小歌《こうた》……絹一疋（△＋綿五屯・疋絹、○＋綿五屯・凡絹二疋）
蔵人所小舎人《こどねり》……絹二疋（△絹一疋、○一人〈六丈凡絹一疋・凡絹三疋〉二人〈凡絹各二疋〉
　この度は之を給わず、不参なり）

「みかどのつかさ」ともよばれる内裏の鍵の管理などを任務とする下級女官である闈司以下は、舞姫の同行者ではなく、五節期間中に奉仕する者たちだと思われる。闈司では、元暦元年に凡絹五疋が追加されているが、百五十年間ほぼ同料である。ただ、琴師・拍子・小歌は永久三年、元暦元年と各増加している。専業化しはじめたのだろうか。

⑵　傅

　では、どのような人物が傅・童女たちに選ばれるのか。一条天皇皇后定子献上に際して選ばれたのは定子の女房だった。『枕草子』「宮の五節出ださせたまふに」の段には次のように記されている。

　宮の五節出ださせたまふに、かしづき十二人、ことどころには、御息所《みやすんどころ》の人出すをば

わろきことにぞすると聞くに、いかにおぼすにか、宮の女房を十人出ださせたまふ。いま二人は、女院、淑景舎《しげいしゃ》の人、やがてはらからなりけり。

定子の女房十人と、東三条院詮子女房一人、東宮（後の三条天皇）妃原子の女房一人を選んだ、とある。しかも、辰日に女房には青摺《あおずり》の唐衣を、童女たちには青摺の汗衫《かざみ》を着せ、五節所の局の御簾や几帳を取り払って外から見えるようにした、という。明るく闊達《かったつ》に、朝廷行事を楽しんでいる定子皇后像が浮かび上がる。

一方、寛弘五年（一〇〇八）十一月、参議実成献上の舞姫傅女房になったのは、一条天皇女御弘徽殿《こきでん》義子に仕えていた左京の馬とよばれる女房だった。紫式部たちは、彰子中宮の許可のもと、大変意地の悪い贈物をすることが『紫式部日記』に詳しい。宮の女房が傅として出仕するのはきまりが悪い恥ずかしいことであった。中宮付き女房を傅にするのは批判されたのである。

天喜五年（一〇五七）権中納言藤原師実献上の五節では、「殿の大納言、五節出させ給ふ。皇后宮の女房、中臈《ちゅうろう》・下臈《げろう》の汚《きたな》げなきどもを出させ給ふ。我はと思ふ際《きわ》のは出させ給はず」（『栄花物語』巻三十六、根あはせ）、皇后寛子《かんし》の女房たちを傅にしているが、「中臈・下臈」とあり、上臈は出していない。これも同様な含意である。ただし、正治元年（一一九九）十一月十三日辛丑、右大臣藤原家実の献上では、「傅八人、〈殿の女房〉」（『猪熊関白記』）だった。殿は父摂政基通《もとみち》でその女房であるから、ある程度の階層の女性だったと推察される。

傅女房の役割や人選など、他にはあまり史料がない。永久三年の『類聚雑要抄』定文には、「傅八人　唐衣十六領・裳十六腰」と衣装規定はあるが、禄はない。饗では、寅・卯・辰の三日間に「女房衝重《ついがさね》二十前」と饗饌《きょうせん》が出されている。丑日には、「檳榔毛五両の内〈四両傅八人料・一両童女二人料〉」、舞姫の次、童女と同じランクの車に乗って参内する。

では、さほど役割がない傅女房を六〜十二人と結構大勢、何ゆえに付き従えさせたのか。永祚元年（九八九）九月二十一日、蔵人左少弁源扶義が、「五節を献ずべし。ただし、唐衣の外、織物綾を着せしむるべからず。又、陪従数輩重ねて禁遏《きんあつ》すべし」と舞姫献上者に決定した実資に仰せている（『小右記』）。この過差《かさ》禁止はたびたび出される。長久元年（一〇四〇）十一月十六日丁卯、「昨日中納言（通房《みちふさ》）の御五節、陪従衣装を出さず。今日衣等を出すこと例の如し。今三カ所昨日より皆衣装等を出すなり」（『春記』）と、各五節所で出衣《いだしぎぬ》をしている。豪華絢爛なる過差な衣装を御簾の下から出すことによって、献上者の権威や権勢を誇ったのである。さほど役割がない傅女房の意義は、そこにあったと推察される。

⑶童女

次は、童女である。童女の出自がわかるのは、元暦元年（一一八四）十一月十六日辛丑、兼実の息男右大将良通十八歳が献上した童女である。安徳天皇は平家都落ちに同行し、後白河院は前年に尊成親王を後鳥羽天皇として践祚《せんそ》させていた。

童女二人〈一人行頼《ゆきより》女『大将の女房』、一人正綱《まさつな》女『余の女房』〉、舞姫〈前寮頭『君達』忠重女〉、下仕二人〈その父不明。大将方女房の所進なり〉。（『玉葉』）

舞姫についてはすでに述べた（第三章第一節1の⑲）。童女は、一人は良通の女房で、父源行頼は従五位下伊賀守等をつとめた光行《みつゆき》の男、母は源康季《やすすえ》女で、従四位上・皇嘉門院《こうかもんいん》判官代・太皇太后宮権大進をつとめている。もう一人は兼実の女房で、父正綱は従五位下頼行《よりゆき》の男で、頼政《よりまさ》の養子になり、従五位下皇嘉門院判官代をつとめている（『尊卑分脈』）。舞姫は公達層と考えられていたが、童女は摂関家の下級貴族である諸大夫層の女性だったことがわかる。下仕は、出自不明で女房が進めたとあるから、女房に仕える従女・雑女あるいは半物《はしたもの》層だった。出身階層が明確に判明する。なお、正治元年（一一九九）十一月十三日辛丑、右大臣藤原家実の献上では、「童女二人〈一人左馬助定清女、一人右馬助邦業《くになり》女〉」（『猪熊関白記』）だった。同様に諸大夫層である。

ところが、万寿四年（一〇二七）十一月二十日丙辰、童女に関する興味深い事件が起こっている。

江典侍（藤原豊子・道綱女）の樋洗《ひすまし》童《わらわ》、大納言斉信《ただのぶ》卿の童女となす。忽ち露顕有りて、天聴に及ぶ。実康《さねやす》に仰せらる。女官及び公女・作女等、彼の直廬辺に到り、市をなし見る。すでに恥辱《ちじょく》に似たり。暁に臨み□□件の童を置くと云々。往古、未だ聞かざる事なり。殿上人の嘲嘆《ちょうたん》無疆《むきょう》と云々。この童の名、抜出《ぬきいで》と云々。昨年美作守保任《やすとう》の五節上雑色《うえのぞうしき》と云々。四位侍従経任《つねとう》、陳《の》ぶる所の趣、相同じなり。ただし、卯日早朝、左馬助章任、勅語を相伝う。よりて驚きながら直廬に向かう。事の由を示し、追却せしむ。

（『小右記』）

大納言斉信が出した童女は、後一条天皇の乳母典侍の藤原豊子の樋洗童だということが露顕して、天皇の耳に入り、内裏から追い出されている。前年、美作守源保任の上雑色として奉仕したときは悶着《もんちゃく》がなかったようであるから、この頃の童女はある程度の出自を必要としていたことが推察される。次章で述べるように、童女は容貌が良くなければならなかったから、樋洗童でも美人で賢かったので、豊子が推薦したのかもしれない。「樋洗のふたりととのひたるさまぞ、さとびたり」（『紫式部日記』寛弘五年十一月二十日）と、美人だと献上者の誉《ほまれ》になる。主の便器の世話をする樋洗役に従事する庶民だったゆえに、大勢の前で恥をかかされた「抜出」こそ気の毒である。

しかしながら、斉信も典侍豊子も当初は樋洗童を童女にしたてててもさほど問題はないと認識していたはずであるから、この頃でも出自の高さは、さほどきびしかったとも思われない。

院政期以降に、童女奉仕者の出自がより高くなったとも推察される。舞姫と同様な上昇である。

さて、次は童女の任務である。まず、丑日参入後、常寧殿で舞姫がそろったところで帳台試がある。その時に、「先に童女一人は火取《ひとり》を持ち、次いで童女一人は茵《しとね》を持つ」「火取童は戸に入り即ち帰る。次いで茵の童は茵を敷く〈帳台の下に居う〉」、寅日御前試では、「入るを免じるの者、理髪一人、童女二人〈薫爐《くんろ》・茵等なり〉」「薫爐者は長橋《ながはし》の東妻《ひがしのつま》より早く帰る」（以上『江家次第』十一月・五節帳台試）と薫爐や茵を持ち舞姫と同行する。辰日豊明節会でも同様に舞姫に従っている。本来は、茵や薫物等を持ち、舞姫に従う役だったことがわかる。ところが卯日に童女御覧が貴族男性のロリータ趣味を満足させるために娯楽的にはじまることは、次章で検討する。

童女は、汗衫を着て裳を着けておらず、裳着以前の童だった。この童女を若い無頼貴公子たちが慰みものにする事件が起こっている（服藤早苗・一九九五b）。長暦三年（一〇三九）十一月二十五日壬子、参内した蔵人頭資房は、後朱雀天皇三十一歳から次のことを仰せられる。

五節の間、行経《ゆきつね》其の長たり。能長《よしなが》、経家《つねいえ》、資仲《すけなか》等、相共に永円《えいえん》僧正の僕童、名は乙丸《おとまろ》を迎え取り、その員にいれしめ、五節所に行経懐抱《かいほう》して臥《ふ》し、その童を持ってその所の陪従、ならびに童女に通嫁《つうか》せしめ、又、ひきいて義通《よしみち》に渡す。五節所の童女、又この乙丸に婚《くなか》わしむ、已に一両夜に及ぶと云々。この事只一日聞く所なり。希有の事なり。件の乙丸を件の党、愛幸して資貨《しか》を施す。これ只彼の身の事たるなり。但し、公家の為、恥を遺す。これ善事にあらざるなり。行経已に大望あり。もっとも不覚の事、須くその責を致すべきなり。而るに事は謬事《びゅうじ》に渡る。よりて冤免《えんめん》し了んぬ。希有の又希有なり。
（『春記』）

行経が長となって、乙丸を五節所に引き入れ、まずは行経と男色関係を持ち、さらに乙丸と陪従＝傅女房や童女とを共寝させ、また義通に渡し、さらに童女と乙丸を性交させた、という何とも派手な行動が天皇の耳に入ったのである。行経は故行成の息子二十八歳、蔵人頭への大望を持っていた。能長は故道長孫、権大納言頼宗息十八歳、経家は故公任の孫、権中納言定頼息で三十歳、資仲は、右大臣実資八十三歳の養孫、権中納言資平息、資房弟である。若い貴公子たちの常軌を逸した行動に、若い後朱雀天皇も嘆息し冤免せざるをえなかった。逸脱した貴公子たちの犠牲になったのは、五節所に参入していた傅女房や童女だった。上層貴族層の貴公子に抗えない下位身分の女性たちの姿が明らかになる。

童女には、豪華な衣装が用意されるが、これについては次章で検討する。

(4) その他の従者・援助者

下仕は、次項で検討することにし、他の舞姫付き添いを見ておく。まずは上雑仕と樋洗である。正治元年（一一九九）十一月十三日には、名前が記されている。

　上雑仕二人〈一人は左衛門権佐光親《みつちか》進る。一人は女房局の女房〉。
　樋洗一人〈女房局女房〉。（『猪熊関白記』）

上雑仕や樋洗の出自がわかるのは管見ではこれのみである。摂関家の女房に仕える女房である。

久安二年（一一四六）内大臣頼長舞姫献上では、十一月十一日「宇治の仰せにより、上雑仕・洗樋《ママ》、傅ならびに下仕二人無し」（『台記』）とあり、上雑仕・樋洗は同行せず、傅と下仕は二人減じている。他にも上雑仕と樋洗はない記事があり、必ずしも必要ではなかった。同行の場合は、牛車も用意され、衣装が新調される。

　雑仕・樋洗車二両〈勾当《こうとう》二人車を進る〉。
　　文官衛府侍四人相従う。（中略）
　雑仕樋洗は閑所において下車〈縫殿寮《ぬいとのりょう》東南辺〉、先ず朔平門内西腋《わき》に立つ。
（その後、下仕・童女・傅女房・舞姫の順に朔平門で下車し常寧殿に進む。最後に）
上雑仕二人、樋洗一人昇る。（中略）

上雑仕二人〈殿沙汰〉。梅唐衣〈面白張瑩なり〉、濃打袙、色々袙三、青単、濃袴、沓。樋洗一人〈丹後守定能〉。蘇芳袙三。他色法同上雑仕。（『兵範記』保元二年十一月十五日）

五節所に入り、舞姫の雑用や便器の世話をするのであろう。唐衣を着ており成人であるが、裳はないので、下仕よりも下位の階層からの任用である。

なお、前述の舞師の大師・小師や理髪は、舞姫一行に同行はしていない。しかし、任務は丑日帳台試からはじまっている。

理髪は、丑日夜の帳台試に同行していた。寅日も「四所舞姫参上〈中略〉次に舞姫参上、下仕一人几帳を取りて扈従《こじゅう》。又、理髪各々一人相具すなり〉」と清涼殿へ同行する。最後の辰日も「理髪引導これを相具し舞了りて退入す」（『春記』長暦三年十一月十五・十七日）と紫宸殿へ同行している。舞姫一人に必ず付いており、重要な任務を果たしていたのである。『類聚雑要抄』には、「髪上を召し、姫君おのおの装束を着す」とあり、髪上が着付け役をしている。禄等では「理髪」とするが、『西宮記』では、前述のように理髪と髪上は同じに使用されているので、着付けもすると思われる。

寛弘七年（一〇一〇）十一月十六日、道長は次のように記している。

夜部御前心見《こころみ》（試）の間、惟憲《これのり》の五節の髪落つ。よりて御前にて又之を上ぐ。甚だ見苦し。（『御堂関白記』）

舞姫は「末額髪《まっこうかみ》」とよばれる「七尺」ほどのかつらを着けた（『類聚雑要抄』）から、それを落としたのであろう。「理髪料、末ならびに額、髪上、相具し参上」（『兵範記』保元二年十一月十五日）、「理髪の使参り来る。絹二疋を給わしむ。額等の借料なり」（『小右記』万寿二年十一月八日）、と理髪が借りて持参し、舞姫の頭を調え、釵子《さいし》等も着けている。年中行事や結髪の知識が豊富な女性でなければならず、朝廷に仕える女房層だったのだろう。万寿二年（一〇二五）十一月十五日癸巳、舞姫献上者だった実資邸に、理髪が乗車して門外にきたので、「菓子五折櫃、薫物・白合掛一重・絹十疋・綿三屯・手作布二十端」を与えたら、喜悦極まりなかったという（『小右記』）。前述の禄に追加して渡したと思われる。牛車でくるのはやはり貴族出身の女房層である。

『類聚雑要抄』定文には、理髪の禄は、「絹二疋・綿十屯、禄法には、綿衣三両・裳一腰・唐衣一領・袴一腰・八丈絹三疋・綿十屯・凡絹五十疋・火桶一口・私筥一口・畳三畳〈高麗一帖・紫二帖〉・朝干飯〈代三十疋〉・三カ日間日別饗三前・絵《え》書《かきの》大外居《おおほかい》交菓子三合・例菓子百合・米二十石」とある。寅・卯・辰の三日間の饗料が加えられており、五節期間中内裏にいたことがたしかめられる。

理髪は、舞姫にとって重要な役割を果たしていたから、五節所を廻る殿上人たちが理髪に脱衣して賜与する事例が多い。永祚元年（九八九）十一月十五日辰壬、実資の五節所で道綱《みちつな》や誠信《さねのぶ》が脱衣して理髪に与え、実資は道長の五節所に行き理髪に脱衣している（『小右記』）。理髪への脱衣賜与は、十一世紀前期まで散見され、以後は減少するが、理由は不明である。

なお、前述の闈司・琴師・小歌・拍子等は、舞献上の際に奉仕したと思われるが、記録類にはほとんど出ないので割愛する。

2. 下仕

前述のように下仕は二名か四名だった。元暦元年（一一八四）八月末頃、藤原良通が五節を献上することに決まったが、十一月十三日戊戌、父兼実は、「この日、下仕所望の輩を召し集め、これを撰定す。童女同前」と希望者を集めて選定する。十六日辛丑、「下仕〈その父明らかならず、大将方の女房進むる所なり〉」と、大将良通付きの女房が進めた女性たちである（『玉葉』）。十六日が参入日なので、三日前の決定である。

なお、十五年後の話ではあるが、「下仕四人〈皆遊君なり、先例は半物の如きは、下仕になると雖も、この度はその者なきなり。よりて遊君を召すなり〉」とある（『猪熊関白記』正治元年十一月三日）。従来は、半物層の女性が下仕になっていたが、いないので遊女を召している。上雑仕二人・樋洗一人は、前述したように諸大夫層や女房の女房など希望者がいたのに、下仕はいないので遊女を召した、とある。

他にも下仕に江口・神崎の遊女が任じられる史料がいくつか出てくるが、それらの史料を根拠に、網野善彦氏と後藤紀彦氏は、遊女そのものが朝廷の内教坊に統括されていたこと、下仕は歌舞・歌唱に長《た》けている必要があったので遊女が任じられたこと、等を指摘された（網野善彦・一九八四・九四、後藤紀彦・一九八六）。すでに史料を網羅して批判した（服藤早苗・二〇一二a）が、次章で詳しく述べるように、下仕は童女御覧の日に、庭に立ち天皇や親昵貴族層に顔を直視されるため、希望者がいなかったのだと思われる。

承徳元年（一〇九七）十一月二十三日、辰日の出来事が記されている。

> 去る五節の辰日の節会の間、左中将忠教《ただのり》朝臣、滝口《たきぐち》二人〈清明・兼吉〉に仰せて、美作守基隆《もとたか》五節所の下仕女を搦《からめ》取《と》る事なり。件の女、大殿（師実）に候ずる女房の従者なり。案内を知らざる基隆、五節に出だす。本主の女房、憂い申すにより、大殿より大略搦められるか。先ずこの旨を奏さず。猥《みだり》に五節所より搦め取る事、もっとも不便なり。天気甚だ以て不快なり。次の日、左中将忠教朝臣、すでに恐懼《きょうく》し、彼の滝口二人、検非違使に給わり左衛門弓場に下さる。よりて殿下の御一家の人々出仕せざるなり。かくの事、誠に不便なり。朝の大事たるなり。　（『中右記』）

女房の従者が主の女房に無断で下仕になり、女房が怒ったので、大殿師実が五節所から搦め取らせた。堀河天皇の許可なく公的な五節所から下仕を奪っていくなど、天皇は不快で、差し出された下手人《げすにん》を禁固したところ、今度は摂政師通一家が出仕しなくなった、という。下仕になることは、誉ではなかったようである。

承徳二年（一〇九八）十一月二十三日丁卯、童女御覧の日、「右大将（雅実《まさざね》）の下仕、俄《にわか》に所労を以て、よりて中宮の半物に申さるの間、光陰《こういん》暮れんと欲す。頻《しき》りにその催しあり」（『中右記』）。下仕が病気になったとき、中宮の半物が代わっている。元永二年（一一一九）十一月十一日癸丑、参入した備中守藤原重通の下仕二人は「内府（忠通）の仕女と云々」（『長秋記』）、と仕女であり半物層である。本来は、宮や貴族家に仕える半物や仕女層だったのである。遊女が五節舞姫の下仕になるから、遊女は聖なるものだ、等の説は、噴飯物《ふんぱんもの》だとよく理解されよう。

さて、舞姫参入行列では、舞姫は金作車《こがねづくりのくるま》、陪従（傅女房）と童女は檳榔毛車《びろうげのくるま》、下仕は網代車《あじろのくるま》と、牛車のランクが決まっている。下仕の衣装は、丑日「梅唐衣〈立文〉・裏増紅梅掛三領・青単衣・濃打衣・濃袴・村摺裳・釵子〈緒在り〉・扇〈定長〉」、卯日「萌黄唐衣・黄掛四領〈皆同色〉・濃蘇芳打掛・紅単衣・紅張袴・村摺裳・釵子〈緒在り〉・扇〈兼定〉」（『玉葉』元暦元年十一月二十二日）、と織物などはないが、丑日と卯日の二回分が新調されている。

行列が朔平門に着くと、下仕が最初に車からおりる。朔平門の壇の下に引き寄せ下車し、門内の東腋を徘徊している間に、傅・童女・舞姫が参入し、その後下仕が常寧殿に入る。その夜の帳台試では、「下仕等、几帳三本を取り相従う。理髪相具す」（『江家次第』十一月）と、几帳を持って帳台に入る。寅日御前試では、下仕一人が「几帳を取りて扈従」、清涼殿まで同行するが、「下仕等或いは返し遣わし了んぬ。事の煩あるによりてなり」（『春記』長暦三年十一月十五日）と返される。下仕は、童女同様に舞姫に必要な物を持ち同行する役であり、歌舞など一切しない。

卯日が童女御覧の日であり、下仕も同行するが、次章で検討する。なお、「下仕、神事に従わず。憚りあるべからず」（『台記』久安二年十月二十日）とあり、下仕は神事に奉仕しないと考えられていたことも確認しておく。神事に舞を奉仕する五節舞姫に従っても、下仕は神事に奉仕する女性とは認識されていなかったのである。遊女が下仕に任じられても決して「聖なる者」とすることはできない。

第四章　新嘗祭と五節舞姫

第一節　参入儀

1. 参入日と参入儀

この章では、十一月中子日〜中辰日までの、新嘗祭における舞姫一行の具体的儀式や次第を検討する。なお、大嘗祭は、豊明節会の規模や日程（新嘗祭は辰日、大嘗祭は午日）が変わるが、五節舞姫参入や帳台試・御前試・童女御覧等はほぼ同じなので、新嘗祭を主として検討する。参入儀や帳台試にかんしては、佐藤泰弘氏の緻密《ちみつ》なすぐれた実証研究（佐藤泰弘・二〇〇八）が出されているので、学びつつ、まずは大きな流れを提示しておきたい。

十月十日以前に、蔵人頭が五節の行事蔵人（預蔵人《あずかりのくろうど》）を決め、奏聞《そうもん》する。勅許を得ると、行事蔵人が出納一人・小舎人三人を定め、五節を担当させる（『政事要略』等）。

十月二十日以前に、五節舞の演奏を受け持つ大歌所《おおうたどころ》では、大歌人（楽人）の名簿を作成し、内侍《ないし》に付して奏聞する。内侍は勅許された名簿にもとづき、大歌人に選ばれた人を各本司に召し仰せる。ただし、十世紀後半には天皇への奏上などの一連の取り次ぎは蔵人に替わっていた（『西宮記』等、佐藤全敏・二〇〇八）。なお、実際に演奏を行う大歌人は、それぞれ堪能な人物を選んで大歌所別当《べっとう》が名簿を作成し、勅許を得てその人たちの所属する諸司に命じて、十月二十一日から正月十六日まで、大歌所に勤務させることになっていた（永田和也・一九九〇）。大歌とは、外来の雅楽に対し、古来からの在来歌謡で、五節舞は、大歌の伴奏と歌で舞われた。

さらに、十一月には「一、五節により、狩使《かりのつかい》を遣わす事」（『西宮記』恒例・十一月）と、狩使が派遣される。延長四年（九二六）十一月十七日に、交野《かたの》狩使丹波介秋成《あきなり》・摂津介武仲《たけなか》等が雉《きじ》六翼を献じたので、天皇の仰せにより、殿上五節の二人に三翼ずつ与えている（『西宮記』恒例・十一月・裏書）。また、長久元年（一〇四〇）十一月十二日、蔵人頭藤原資房は、天皇の命により、蔵人所牒《ちょう》に署名し、御鷹飼忠兼《おたかがいただかね》を遣わしている（『春記』）。いわば天皇直轄牧《まき》である河内国の交野の禁野《きんや》に狩使を遣わし、雉を狩ってきて殿上五節に分与するのであり、供御《くご》の分与と考えられている。

さて、舞姫一行の内裏への参入日は、本来、「子日、夜に入りて、舞姫、常寧殿において調習す」（『年中行事抄』所引『清涼記』）とあり、子日に舞姫が参入する。その前に、行事蔵人に御衣が下賜され、内蔵寮《くらりょう》・造酒司《ぞうしゅし》・穀倉院《こくそういん》、ならびに舞姫を献じる所の門籍が奏上され、許可される。さらに、晩景に大歌を召し、大歌には宴が賜与され殿上侍臣が垣下《えんが》（相伴《しょうばん》）をする（『政事要略』十一月・同日（甲子）夜五節舞姫調習事）。

子日夜、いよいよ舞姫たちの参入である。ところが、天慶元年（九三八）には、十一月二十二日乙丑に参入している（『本朝世紀』）。十世紀の中頃から、次第に丑日参入になっていく。天暦七年（九五三）十一月十二日戊子には大歌人が常寧殿南廊に召されているが、調習は行われていないことや、『西宮記』には丑日参入になっており、「前例、子の夜、あるいは参入」とある（恒例・十一月・於常寧殿試五節事）ことなどから、十世紀後期には丑日参入が慣例化したと推察される。

では、なぜ、子から丑に一日遅れたのか。『蔵人式』には「中子・丑日、舞殿において舞姫を調習す」（『年中行事抄』所引逸文）とあり、子と丑の二日間、舞姫たちは常寧殿の舞殿で調習する規定だった。天慶八年（九四五）十一月十九日壬子、関白太政大臣藤原忠平は、「家出す五節妓参入す。他の家、参入せしめず」（『貞信公記抄』）と自身献上の舞姫のみ参入させ、他の舞姫は丑日に参入させている。一人だけ長く丁寧《ていねい》に教習を受けさせたのである。長保元年（九九九）十一月二十一日庚子、舞姫献上者実資の所に、蔵人所から人がきて、舞姫を参らすように仰せがあったが、承る由を申させただけで、翌二十二日辛丑の亥刻に参入させている。前章で述べたように、十六日に五節舞姫宅に舞師をよんで調習させていた（『小右記』）。蔵人所としては、規定どおり子日に参入を促すものの、教習を独自に終えているので丑日に参入させたと思われる。

十世紀後期には、舞師が各舞姫献上者の家に出向き、舞を教えていた。さらに、補助的な小師が任命されるようになり、ほぼ全員が各家において舞を教習できるようになった。ゆえに、丑日参入になったと推察される。忠平の時は、いまだ舞師による各邸での調習がはじまっておらず、忠平は舞師を独占して自身の舞姫に教習させるための権力を発動したのであろう。十一世紀初頭にも幾人か子日参入の記録があるが、忠平と同様の権勢発動を画策した道長の場合や、邸宅に舞師を招けない等の理由があったのではないかと推察される。

序章で述べたように、舞姫一行は、夜に、内裏外郭の北門朔平門から参入する。慣例として、女性の参内や退出は、基本的に北門からだった。舞姫たちが北門に到着すると、清涼殿に集まっていた殿上人が北門に集まる。とくに、舞姫献上者の親族や追従する殿上人たちが多く集まった。長久元年（一〇四〇）十一月十四日乙丑、蔵人頭だった資房は、「本来は蔵人頭は北陣に向かわないが、権中納言通房《みちふさ》（頼通男十六歳）への追従のために行く」とわざわざ記している。道房の従兄弟の中納言信家、同参議兼頼、参議源隆国、参議俊家、などがきており、「追従の甚しき者也」ともある（『春記』）。

あかあかと灯《あか》りが灯《とも》されているなか、朔平門から玄輝《げんき》門を経て常寧殿の中央の馬通《うまみち》からそれぞれの宿所に入るが、その道には筵道《えんどう》が敷かれ、その上をまず傅・童女・舞姫の順に筵道の上を歩く。

時剋、五節舞姫、玄輝門に参入す〈下車、公卿束帯して相従う。各五節所に入る。筵道あり〉。諸大夫四人、几帳の角を執り、殿上人、童女・傅等に付すこと、例の如し。前例は半靴を用ゆ。近代は見ず。大歌垣下行事蔵人を除くの他は束帯せず。

（『江家次第』十一月）

五節舞姫は、諸大夫四人が几帳の四隅をとり、殿上人に懐抱されつつ、四角く囲まれたなかを歩いて行く。さらに、傅・童女・下仕たちは、扇で顔を隠しながら筵道を進むが、その際、殿上人たちが付き添った。紫式部が同情し、また見下したのは、傅女房や童女たちだったのである。「几帳の四つの角々におのおの一人付きて、左右の几帳の紐を一筋ずつ二筋を取り合て参る。件の役、角取《すみとり》とこれを言う」「姫君を口衣の末を頭に打ち懸けて、几帳の中にて参る」とあり、几帳の外から見えないように付き添い男性が配慮する（『類聚雑要抄』）。

誰が角取になるのか。長久元年（一〇四〇）十一月十四日乙丑、参議藤原経輔《つねすけ》献上五節舞姫は、「北陣において蔵人少将定房《さだふさ》、藤少将基家《もといえ》几帳の角を取る。今二人地下人之を取ると云々。希有の事なり。殿上人地上の几帳を取る。古今聞かず。一切この例なし。希有なりと云々。万人傾驚すと云々。指弾すべし々々々」。十七日戊辰権中納言通房の献上した舞姫の角取をしたのは、「行経、経長、資綱三人毎夜中納言の几帳の角を取る。此の外其の人なきが如し。若しくは又外の人を交えざるか。甚だ心狭の事なりと云々」（『春記』）とある。前章で検討した行経、中納言源道方男左中弁経長、源俊賢孫資綱十九歳。資房は、通房父頼通が交替させないで三人に毎夜角取をやらせたことも批判している。本来は、諸大夫層が几帳角取になるのが普通だったことがうかがえるが、権勢家献上舞姫の几帳角取は名誉だったようである。なお、この時最初に参入したのは丑刻中納言通房の舞姫、他の三所の舞姫がそろったのは丑四点（午前二時半頃）、こんなに遅いのは前代未聞と資房は憤慨している。

『類聚雑要抄』には、「几帳指《さし》、然るべき六位四人。次々の所は衛府の四人。また角取の役蔵人などなくんば、式部・民部の大夫の五位これを用ゆ。また几帳指の役は衛府なき時には諸司の官人これを勤む」とあり、几帳指と角取は別で、角取の方が上位の者のようである。しかし、記録類には几帳指の具体的名前などは出てこない。

舞姫の角取は、摂関家では家長が決定する。寛治四年（一〇九〇）十一月十七日丁丑、内大臣藤原師通二十九歳が献上したが、父摂政師実四十九歳が師通邸にやってきて、几帳角取の人々を「能遠《よしとう》朝臣、清実《きよざね》朝臣、行綱《ゆきつな》朝臣、盛長《もりなが》朝臣」と仰せている（『後二条師通記』）。後述するように几帳角取はなかなか侮《あなど》れない任務だった。『承安五節絵』で、舞姫の手を引くのは藤原公衡《きんひら》十四歳である（本書カヴァー参照）。これは承安元年（一一七一）十一月十九日己丑、中納言藤原宗家三十三歳が献上した五節参入儀を描写したものであるとされる。しかし、実際には、この夜、正式な参入儀を行ったのは、美作守藤原雅隆献上舞姫のみであった

（『玉葉』）。また、この絵では、舞姫は几帳で囲まれ参入していないが、この時期でも実際に角取が決められており、その意味でこの絵は事実をそのまま描いたものではない。

2. 参入儀の変容

大勢の公卿・殿上人たちの見守るなか、華やかな衣装を身に纏《まと》った舞姫一行の参入儀が実際に大きく変わるのは院政期である。最初の兆候《ちょうこう》は、康平《こうへい》三年（一〇六〇）十一月十六日辛丑、「五節参る〈内大臣殿（師実）、尾張守時房《ときふさ》、近江守基貞《もとさだ》、大和守親国《ちかくに》、以上両人、この暁参内と云々〉」（『定家朝臣記』）と、二人献上の舞姫が暁に参入している。次は承暦元年（一〇七七）十一月十八日乙丑、権大納言藤原俊家《としいえ》の舞姫は「夜前《やぜん》」に参入する（『水左記』）。夜前とは、前日の夜のことであり、暁よりも早い。康和五年（一一〇三）十一月十四日己丑、「亥剋ばかり五節等参集すと云々。ただし雨により、皆、悉《ことごと》く密々参ると云々」（『殿暦』）、この日は雨のためか「密々」参るとある。元永《げんえい》元年（一一一八）十一月十七日乙丑は、四箇所とも暁に参入し、「一所も参入の儀なし、年来未だ見ざる事なり」（『中右記』）、前代未聞だと驚かれている。久安六年（一一五〇）十一月十七日己丑、「件の四箇所五節、併しながら参内儀をそなえず、皆密々参入す。世以て奇となす」（『本朝世紀』）と、十二世紀中頃でも、参入儀がまったくないことが奇とされている。仁平二年（一一五二）や他にもあり、同様に前代末聞とか、奇怪とされている。十一世紀後期以降、四人全員がそろった参入儀はなくなるものの、少なくとも一組だけは参入儀を行ったようである。これが大きな変容である。

暁とは、当時の日付変更時である丑の刻と寅の刻の間をすぎた以降、すなわち午前三時から夜明け前までとされる（小林賢章・二〇〇三）。暁参入では、丑日の朝早く、誰も見守らないなか、密かに参入することと思われる。たとえば、寛治元年（一〇八七）十一月十七日乙丑、「治部卿・新宰相二人暁参る。右大臣・美作守清長《きよなが》・備前守季綱《すえつな》参入儀例の如し」と二人は暁参入、三人が夜に儀式どおり参入し、「帳台試有り。ただし、御物忌により、御出なし」と、暁参入の舞姫も全員がそろって帳台試で舞っている。ところが、大治五年（一一三〇）十一月十四日癸丑では、「土佐家長《いえなが》・甲斐範隆《のりたか》二人、暁に帳台試の間参入」とあり、翌寅日の暁に入ったように読み取れる（以上『中右記』）。永暦元年（一一六〇）十一月十五日己丑、「若狭守隆信《たかのぶ》の舞姫、暁参ると云々〈実は、只今、閑道より密々参上し、五節所に於いて装束す。近代の例なり〉」（『山槐記』）とある。参入儀は行わず、別の通路から密かに参入して、五節所で舞姫の着付けをして、帳台試に臨んでいる。「暁参入」とは、正式な装束を着け筵道を歩むのではない方式をいうようである。

では、誰が所定の時刻に参入するのか。元永二年（一一一九）十一月十一日癸丑、新参議源雅実二十六歳の五節が、他の五節を待たずに、立明《たてあかし》の官人も几帳角取諸大夫もなく、直接参入した。「幼若初任の上達部は、尚尋常の儀を用ゆべきか」(『長秋記』)とされている。まずは、はじめて献上する公卿は正式に参入儀を行う慣例があったことがうかがえる。さらに元暦元年(一一八四)、十一月十六日辛丑、「右大将(良通)御覧、左兵衛督(頼実)参入、自余の三人参入・御覧共にこれを勤仕せず。右大将参入の儀無しと雖も、長寛〈余五節を献ずるの例〉の例により、童女・下仕等装束を着し参入す。ただし、舞姫は装束を着さず」(『玉葉』)、と事前に参入儀と童女御覧を負担する献上者が決められており、本来は良通の舞姫は、参入儀をつとめるわけではないが、父兼実が舞姫を献上したときの例にならって、童女と下仕は装束を着けて参入したが、舞姫は装束を着けなかった、とある。参入儀を免除された者は、装束を着けないで参入できたことがわかる。ということは、装束を着けて参入することは、舞姫や付き添い女性たちにとって負担だったのであろう。負担を軽減するために、参入儀が免除されるようになり、十二世紀中頃には、参入儀も童女御覧もそれぞれ一人になったと思われる。

永暦元年(一一六〇)十一月十日甲申、蔵人頭藤原忠親三十歳は、参内して二条天皇十八歳に奏上した。「五節の事、両国各略参すべからず。御覧の由、院宣有り。御物詣以前に各領状し了りぬ。而るに共に以てその沙汰致さざる由、唯今言上の事。仰せて云わく、『若狭においては、内々に女院の御沙汰有り。而るにこの間、御重悩、毎事御沙汰能わず。公事を闕せざるために、ただ形の如く閑道より参るべしと云々。彼の院の仰せの為に重ねて催されがたきか。同じく前関白に申すべし』てえり」（『山槐記』）。後白河上皇が熊野詣でに行く前に、丹波守と若狭守は参入儀を領状していたのに、若狭は女院の知行国だから女院が沙汰するが重病なので参入儀は免除されて、閑道から入ることが許可された。前関白や天皇の間を往復し、結局参入儀は丹波守、童女御覧は権中納言公光《きんみつ》と決まる。十五日己丑は、「実は、只今閑道より密々に参上し、五節所において装束す。近代の例なり」（『山槐記』）とあり、夜に別な道から五節所に入る慣行ができていた。

　国母や中宮などの特権女性は、寅日御前試を見るために子日や丑日に内裏に参入し、舞姫参入儀を見る。序章で見たように、一条天皇中宮彰子も見ていた。長承元年（一一三二）十一月二十日丁丑、夜に入り待賢門院《たいけんもんいん》と一品宮が「仁寿殿《じじゅうでん》」に入る。「宮侍廊《みやのさむらいろう》」に御座を設営する。亥刻に北陣《きたじん》より加賀の五節が参入すると、崇徳天皇と中宮藤原聖子《せいし》が東面で、国母待賢門院は北面で御覧になる（『兵範記』）。天皇は、「御物忌により御出無し」（『中右記』）と帳台試には入らないのに、参入儀は見ている。なお、この時は土御門《つちみかど》烏丸殿《からすまどの》が里内裏であったが、どこを「仁寿殿」「宮侍廊」に設定したか不明であるが、皇后定子や中宮彰子たちと同様に、院政期でも参入儀を見て楽しんでいる特権女性たちがいた。

3. 常寧殿の五節所

舞姫一行は、朔平門から入り玄輝門を経て、常寧殿の南中央の馬道からそれぞれに設営された五節所に入る。もともと後宮の中心にある常寧殿は、后町《きさいまち》ともよばれ、十世紀初頭までは、母后が住んだり儀式をしたりするのが恒例となっていた。嵯峨上皇からは、上皇は内裏に入ることは禁止されていたが、母后は内裏に居住することで天皇を日常的に後見し、女官を統率する権能を持ち、実質的なキサキ選定権を直接に掌握した結果、母后一族が摂関家として誕生する基礎を作った。しかし、朱雀《すざく》・村上《むらかみ》の母后穏子《おんし》は後半には常寧殿に住むことがなくなったが、摂関は後宮に直廬《じきろ》を持つようになり、天皇・母后・摂関の権力の核が安定する（東海林亜矢子・二〇〇四）。ただし、その後も常寧殿は、母后や天皇の儀式に頻繁に使用される（栗本賀世子・二〇一四）。五節所も蔵人所が統括する天皇の行事として設営される。図3は、『雲図抄』（十一月・丑日帳台試事）の常寧殿に置かれた五節所の見取り図である。上臈公卿五節は東南、下臈公卿は南西、受領上臈は北西、受領下臈は北東と時計回りに序列化されて設営所が決定している。この配置は、内裏焼亡により里内裏が使用される場合も、ほぼ守られる。

西塗籠内《ぬりごめ》が舞殿で、帳台を設けて北向き東西行に長莚《ながむしろ》を敷き、その上に畳半帖を四つ敷

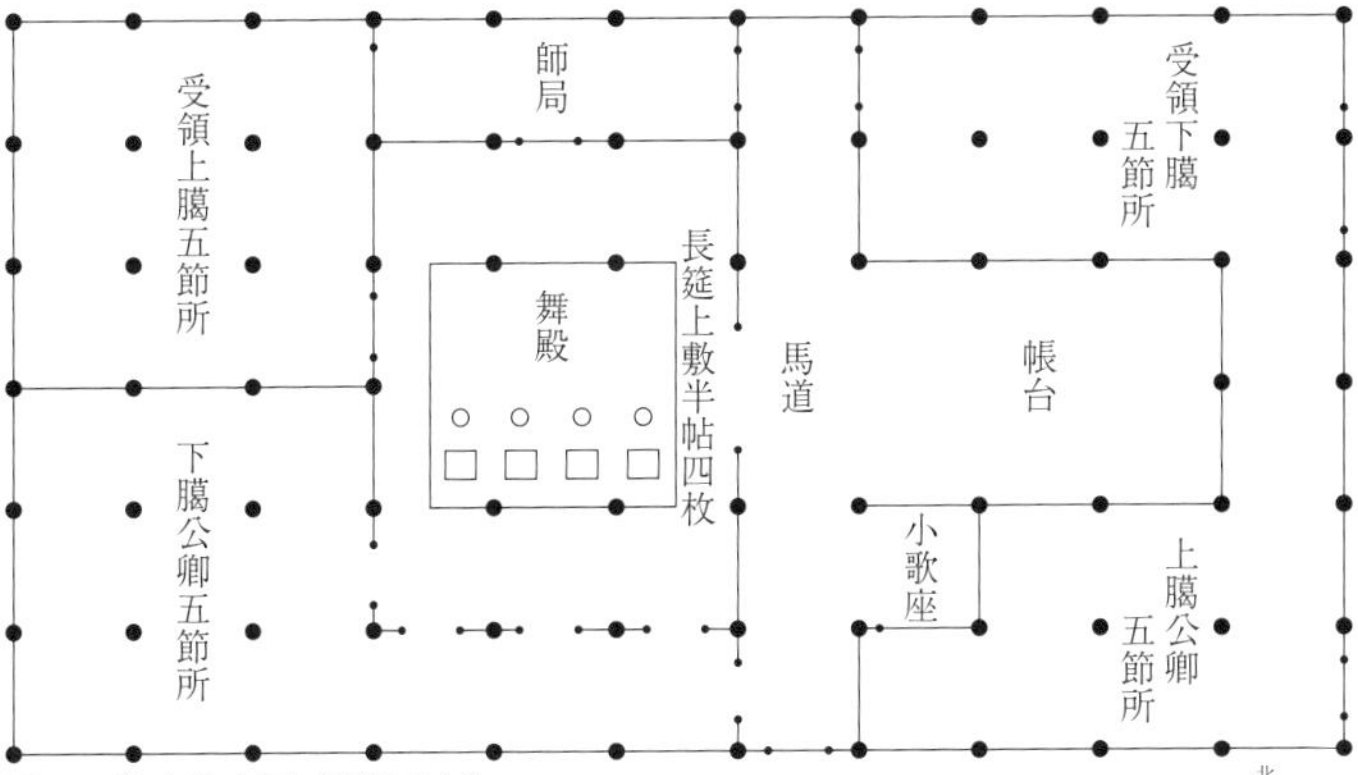

図3　常寧殿略図（『雲図抄』）

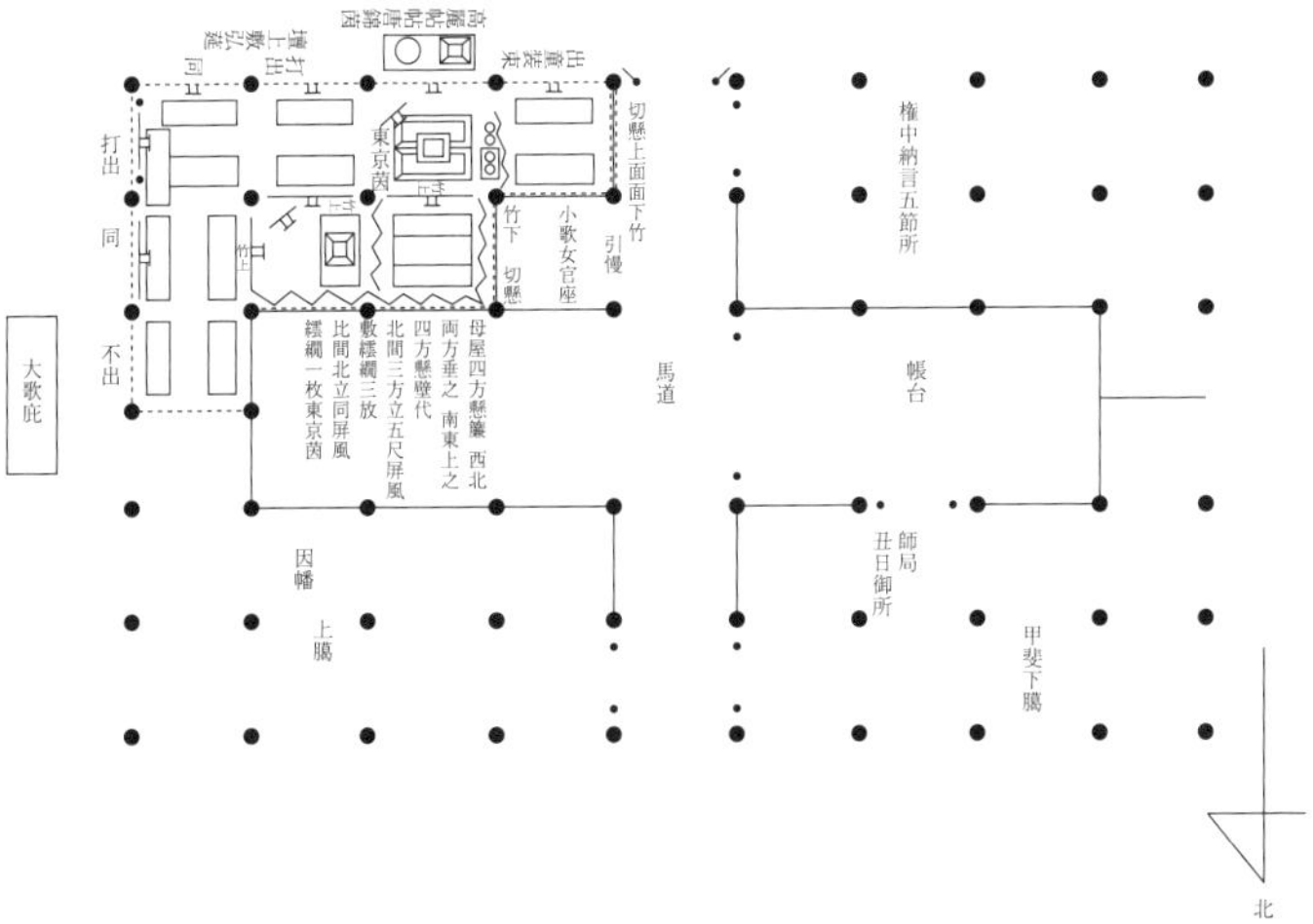

図4　五節所見取図（『兵範記』）

き舞姫の座とする。それぞれの前に白木燈台一本を立てる。舞殿の戸口には床子一脚を置き、舞殿の戸をふさぐ。東帳台の南西隅に幔幕《まんまく》を引き小歌座、北庇塗籠内を大師宿所とする（『江家次第』、『雲図抄』等）。

保元二年（一一五七）十一月十五日丁丑、右大臣基実《もとざね》献上では、五節所内の設営が詳細に記されている。図4は、『兵範記』に掲載されている当日の図である。なお、この図は『雲図抄』の南東の「上臈公卿五節所」にあたり、向きを逆に書いている。角の各二間に「打《うち》出《いで》」とあり、御簾の下から出す出衣《いだしぎぬ》が設営されている。この出衣は、「今朝より五節所打出を出す。去る夜、出さず。故実と云々。裏増の紅梅の掛五両、濃き紅梅の単衣。他所皆白の掛と云々」（『玉葉』元暦元年十一月十七日壬寅）、と寅日から出すようである。

新嘗祭では、本来は子日に舞姫が参入し、辰日豊明節会で正式に舞うまでの五日間、十世紀中頃からは丑日から四日、舞姫一行はこの五節所に滞在していた。ところが、久安二年（一一四六）十一月十一日丁丑、内大臣頼長の舞姫献上では、「傅ならびに下仕二人、五節所に入らず、直ちに退出す。（割注略）童女・下仕二人、事了り退出す。姫君四日箇日五節所にあり」（『台記』）、と童女や下仕は五節所に留まらず退出し、舞姫のみ四日間五節所に滞在している。

さらに、保元二年十一月十五日丁丑の右大臣基実献上では、「今夜事了りぬ。舞姫ならびに女房、童女、下仕等、密々退出し了んぬ」と、舞姫一行が全員退出している。翌十六日戊寅、「舞姫、童女、下仕等密々参入、五節所において装束を着すこと去夜の如し」、十七日己卯、「童女・下仕密々五節所に入る（中略）次に童女・下仕装束を着す（中略）右府の童女・下仕参上す。五節所を出る間、雲客《うんきゃく》扶持す」、十八日庚辰、「舞姫ならびに傅女房、童女、下仕、上雑仕、樋洗等密々に参会す。（中略）この間、舞姫・童・下仕等装束を着す（中略）各南殿に帰参され了んぬ。次いで舞姫参上、童女・下仕昇進すること夜々の如し。舞姫四人、皆参上し了んぬ。しばらくありて退下す。（中略）右大臣殿の舞姫退出す。先ず、筵道を敷く。その次第、併しながら参る夜の如し」（以上『兵範記』）、と毎日帰宅し、行事ごとに必要な人物のみ密かに参入し、五節所で衣装を着けて役割を果たしている。女性たちも緊張や疲労を和らげることができ、用意する衣装や御膳も簡略化していくのであろう。

なお、保元二年十一月の基実五節舞姫一行は毎日帰宅したが、舞師たちは宿所に滞在していたようである。「大師の饗餞は、今夜政所より之を調え送る。師料一前、女房料二、同従料二前、女官料七前、髪上料一、従料五、明日以後は日別二度」（『兵範記』）とあり、大師一名とお付きの女房二名、従女二名、女官七名、髪上一名、従女五名、合計十八名の饗餞が届けられている。

第二節　帳台試

1．天皇出御のはじまり

子日、後には丑日に舞姫が常寧殿の五節所に参入する。支度ができると、大歌所の琴師等の伴奏担当者や小歌、舞師が所定の場所に着く。準備ができると舞姫四人（大嘗祭は五人）が舞殿に入り、教習が行われた。舞姫が舞殿に入るときの相伴者は前章に記したように、童女二人と下仕一人、理髪一人で、大歌が后町廊辺に座り、大歌・小歌が声を発して舞の教習がはじまった。舞姫は、垂髪《すいはつ》に唐衣《からぎぬ》・裳《も》で内々の姿である（吉村佳子・一九九七、一九九八）。

その舞姫教習が、大きく変容するのは、永観《えいかん》二年（九八四）十一月の記事にうかがえる。

十八日甲子。殿上の五節参入す。景舒《かげのぶ》女なり、自余《じよ》は不参。

十九日乙丑。昨今、内の御物忌なり。三所五節参入す。常寧殿試の事あり。主上、常寧殿におわし、密々御覧ず。御物忌により諷誦を修せらる。御出の事、はなはだ強いるに似たるなり。如何。

二十一日丁卯、今夜、主上、密々常寧殿辺りに御す。未だ聞かざる事なり。如何如何。

天皇位は、八月二十七日に円融天皇から花山天皇十七歳に譲位されていた。丑日の教習は常寧殿試とよばれているが、実際に天皇が御覧になった初見記録である。しかし、「密々」とあり、正式な御覧ではない。天皇の御物忌だから「密々」だろうか。実資は批判している。なお、花山天皇は卯日も、常寧殿あたりをうろつき、舞姫一行をのぞき見している。

（『小右記』）

次に丑日の常寧殿試に天皇が出御する記録は、寛弘七年（一〇一〇）十一月十六日戊子である。

五節等参入す。左衛門督（頼通）の五節参る。東北の陣より参る。主上、宮の御方に渡り給い之を覧ず。人々能く思う。帳台に御すにより、御共に候ず。子時、了んぬ。

（『御堂関白記』）

一条天皇は、里内裏枇杷殿に設営された中宮彰子の殿舎に渡り、五節参入儀を見て、さらに、帳台に参入して帳台試を見ており、道長も同行している。この日は、頼通の舞姫のみ子日に参入し、帳台試を行ったのだろうか。以後、長和元年（一〇一二）十一月二十日癸丑「大内に参り候す。帳台に御出す御供に候す」、翌年も十一月十三日己丑、「五節等参入す。深更《しんこう》、帳台常の如し。御出あり。御共に候ず」（以上『御堂関白記』）と三条天皇が、深更、すなわち深夜に帳台試に出御しており、以後、史料は多くなる。

本来、丑日は、舞姫たちが舞師の前で、全員そろって舞合わせをする日であり、天皇は御出することはなかった。では、いつ頃から天皇出御がはじまったのか。花山天皇は「密々」であり、正式ではなかった。『西宮記』には記載があるが、細字双行での詳細な説明であり後に追記されたものと推察される。十世紀最末期にできたとされる『政事要略』にも、行成の『新撰年中行事』にも、天皇出御はない。また、行成の日記『権記』や実資の日記『小右記』にも、十一世紀前後では天皇出御記録は見えない。儀式書では、十二世紀初頭の『江家次第』「五節帳台試」に詳細に記されている。

『枕草子』「内は五節のころこそ」の段を現代語にして見てみよう。

帳台の試みの夜、行事の蔵人がひどく厳しい態度をとって、「理髪の役の女房と、二人の童女よりほかは入ってはいけない」と戸を押さえて、小憎らしいほどまでに言うので、殿上人などでも、「でもこの一人だけは」などとおっしゃるが、「不公平になるといけませんので」と頑固に言い張るときに、中宮様の女房が二十人ぐらい、蔵人を無視して、戸を押し開けてざわざわと入るので、蔵人はあっけにとられて「まったくこれはどうしようもない世の中だ」と言い立っているのも面白い。その後に続いて、傅女房もみな入る。それを見る蔵人は忌々《いまいま》しそうだ。「上にもおはしまして、をかしと御覧じおはしますらむかし」。灯台に向かって居眠りしている舞姫たちの顔も、かわいらしげだ。

十世紀末の定子皇后の時代であろう。一条天皇も帳台試に参入して、女房たちとは別の場所で見ており、ゆえに「御覧になっているだろう」と推測になっている。女房たちは、実力行使で帳台試を見たのである。

実資の日記『小右記』には、寛仁元年（一〇一七）十一月二十日庚寅、「昨夜大殿（道長）内に参り給い、舞殿に座す。主上・東宮同じく覧ず。東宮御坐、未だ聞かざる事なり」が初見である。この日、「主上ならびに東宮、舞殿の師の宿所に出御し、舞殿を御覧ず〈前摂政（道長）ならびに摂政（頼通）・左大将（教通）・新中納言（能信）御供、参らしめ給う。女房兼ねて此の所に候ず。御出の間、御ならびに東宮に人々物を奉る〉」（『左経記』）とたしかに前年即位した後一条天皇十歳と東宮敦良親王九歳が一緒に御覧になっている。同行者は、天皇の親族の公卿と女房である。

以上から勘案するに、花山天皇が御物忌を破り「密々」見に行ったのは、以前からある程度行われていたからだと思われるが、円融天皇の蔵人頭だった実資や、一条天皇の蔵人頭行成が日記に記さないのは、天皇出御が定例化していなかったからだと推察される。円融天皇は御遊を好み、後の童女御覧もはじめる。譲位以後ではあるが、一種物《いっしゅもの》や散楽《さんがく》御覧、貴賤男女に立ち交じっての祭見物などが散見され、宮廷文化の指導者としての意識が発現していたとされる（目崎徳衛・一九七二）。天皇出御は円融天皇頃からはじまり、一条天皇の時代から頻繁になり、三条天皇の時代には慣例化し、後一条天皇の時代には東宮はじめ天皇親昵《しんじつ》貴族が多く参入するようになったと思われる。

2. 天皇御座と帳台試

では、天皇はどこに座るのだろうか。本来、天皇出御はなかったので、天皇の座は設定されていない。

師は、北塗籠の北戸内に在り。殿の四面、便にしたがい、五節宿所を点定《てんじょう》す。或いは、主上、師の宿所に御す。行事蔵人、塗籠東戸の前に立ち、女房の出入りを禁ず〈木工に仰せ、切懸《きりかけ》（目かくし）。主殿は之を掃除、修理は打橋・饗事、掃部・内匠寮は燈台油抄事〉。（中略）行事蔵人は、東戸に立ち、闌入《らんにゅう》を制す。女童女二人・上髪・下仕・陪従二人の外、入れず。　（『西宮記』十一月）

天皇は、舞師の宿所に御している。先ほどの、寛仁元年（一〇一七）十一月十九日癸丑（『左経記』）にも、後一条天皇は「舞殿の師の宿所」に御していた。常寧殿五節所の指図（図3）で見たように、北庇塗籠内が舞師宿所だった。塗籠は、一間×三間の広さで、一間十尺、約三メートルとして二十七平米、現在の畳十六帖半ほどである。結構広いので、天皇や東宮が参入して御座を設営しても無理ではない。同行者は、関白や東宮だった。他にも摂政や天皇の外戚等が多く参入し一緒に見るようになる。

長暦二年（一〇三八）十一月二十一日癸丑、蔵人頭だった資房は、『春記』に次のように記している。

予（資房）御使として東宮に参り、昇御すべきの由を啓す。即ち、昇御しおわんぬ。しばらくありて主上、祥（常）寧殿に御す（割注略）。関白（頼通）・内府（教通）ならびに御傍親の公卿侍臣等扈従す。先例、公卿は供奉せざる事なりと云々。是れ微行の故なり。四所の舞姫帳台にまいりおわんぬ（割注略）。この間、行事の蔵人章経《あきつね》鎰《かぎ》を以て塗籠戸を開蓋《かいびゃく》す、これ例なり。子の時ばかり、了りて還御。予等同じく扈従、関白物忌〈明日〉によりて退出し給いおわんぬ。しばらくありて東宮還御し給う。

東宮の帳台試御覧は天皇が許可している。また、本来は、微行なので天皇に公卿が扈従しないのに、今夜は、後朱雀天皇に叔父の頼通や教通他の傍親公卿や侍臣が扈従している、と資房は批判的である。この傍親たちも天皇・東宮とともに舞師の宿所に入る。

ただし、『江家次第』には、「執柄《しっぺい》の人ならびに蔵人頭・行事蔵人、舞殿の東戸の下に立ち、開闔《かいこう》〈床子を用ゆ〉、舞の間、闌《らん》入を禁ず〈理髪・童女・陪従・下仕の外、入るべからず。頭若しくは行事蔵人の外、戸外を伺うこと能わず〉」とあり、執柄（摂政・関白）は蔵人頭や行事蔵人と一緒に、帳台試をのぞき見できないように、戸の下で見張っている役なので、舞師宿所に入らない規定ではある。しかし、記録類では、文脈からして、関白頼通や教通等は舞師宿所に入って見ていると推察される。後に見るが、戸を開きっぱなしにし、みなに見せたゆえに譴責《けんせき》されたなかに執柄はいない。

帳台試は、天皇や東宮のほか、関係者以外入ることは許されなかった。ゆえに、行事蔵人が、鎰をもって塗籠戸の前に立ち、開閉を行い、誰も入れなかった。ところが、先述の『枕草子』には、中宮女房が二十人ぐらい、蔵人を無視して、戸を押し開けてざわざわと入るので、蔵人はあっけにとられていた。実際にも、長暦二年（一〇三八）十一月十四日辛丑には、天皇が物忌で御出がなかったところ、「この間、内の女房数多、師の曹司において見物す。はなはだ由無し々々」（『春記』）と天皇付きの大勢の女房たちが、しかも師の曹司に入ってしまい、蔵人頭資房も嘆いている。なお、『源氏物語』「乙女」で、光源氏が帳台試に参入し、ふと筑紫の五節を思い出す設定は、天皇親昵者光源氏の特権的立場を描写したものである。

蔵人頭の嘆きだけならまだしも、天皇から譴責を受け、籠居《ろうきょ》を命じられることさえある。嘉保《かほ》元年（一〇九四）十二月二日に、藤原宗忠は、次のように記している。

今日、頭弁（師頼）、ならびに一﨟式部丞定仲《さだなか》、恐懼《きょうく》。これ五節の間、舞姫入るの後、帳代（台）の戸を開き、万人見おわりぬ。奇怪なるものなり。件の事により、院（白河）より申され、彼の両人を召し問わるに、陳《の》ぶる所なきか。よりて以て勘事《かんじ》なり。頭弁たとい故実を知らずといえども、奇怪を表すと雖も、職は貫首《かんじゅ》たり。恐懼せらるることは如何。蔵人頭たる者の勘事、近代頗《すこぶ》る聞かざる所なり。（『中右記』）

帳台試の時、舞姫が入った後、蔵人頭と行事定仲が、戸を開いてみなに見せたので、それを聞いた白河院から堀河天皇に奏上があり、二人が尋問されたところ、申し開きができなかったので、ついに天皇からの勘事、すなわち勅勘《ちょっかん》を受けたのである。宗忠は、たとえ、蔵人頭師頼《もろより》が故実を知らず失態を犯したとしても、奇怪だったとしても、貫首（蔵人頭）たるものが恐懼、叱責を受け籠居を命じられることは聞いたことがない、と暗に批判している。たしかに、十一月十五日癸丑「帳代試の間、御出なし。頭弁、万事を沙汰するの間、帳代の戸を開き、人々之を見る。頗るもって奇怪なり」（『中右記』）とあり、戸を開いて、大勢に見物させてしまったようである。

なお天皇が幼少の時は、摂政が舞師宿所に入り見る。たとえば、鳥羽《とば》天皇の場合である。天仁元年（一一〇八）十一月十九日乙丑、「余（忠実）太師の宿所に向かい、内居に入り、主上儀の如く円座に居す。人々は戸外にあり。ただし、右大将一人、内にあり」。鳥羽天皇六歳、摂政忠実は、天皇の座に座る。以後史料は多い。永久二年（一一一四）十一月十八日乙丑、「今年、主上、はじめて帳台御出有り（割注略）、その儀常のごとし〈右大将（家忠）・中納言忠通・此の外は参仕せず。是れ上皇の仰せなり〉」（以上『殿暦』）、鳥羽天皇十二歳ではじめて帳台試に御出している。元服は前年正月一日だが、忠実は十二月二十六日に関白に就任しており、復辟《ふくへき》（摂政の辞任）後ゆえにこの年から天皇が帳台試へ御出をしたのである。

帳台試で天皇と相伴する人物もこの頃から院が決定している。翌永久三年（一一一五）十一月十二日丁丑、天皇は御物忌で不出御だが、関白忠実は「余、之を見る、密々の儀なり。共に上達部無し。是天喜五年（一〇五七）の例なり」と一人で帳台試を見ているが、密儀とある。永久四年十一月十二日辛丑には、「内府（忠通）召しなきにより参られず。ただし、顕隆の失か」（以上『殿暦』）とあり、蔵人頭からの伝達がない限り帳台には参入できない。

帳台試への天皇御出は娯楽であり秘事であったから、様々な理由で天皇出御は中止される。まずは、天皇の御物忌である。次に、天皇の病気、いわゆる悩事が多い。堀河天皇の例を見よう。応徳三年（一〇八六）八歳で即位した堀河天皇がはじめて帳台試に出御するのは、鳥羽の場合と同じく元服した翌年の復辟後、寛治四年（一〇九〇）で十二歳だった。寛治五年（一〇九一）十一月十七日辛丑、「帳台試、不出御。御物忌によるなり。殿下、摂政の間は渡御、今夜は帳台に参らず。関白以後しかるべからざる由、仰せらるるなり。頭弁行事せらる」（『為房卿記』）と天皇が物忌で不出御の場合、摂政とちがって関白は代行しない。嘉保元年（一〇九四）は、堀河天皇が疱瘡《ほうそう》のため不出御、永長元年（一〇九六）は郁芳門院《いくほうもんいん》御心喪《ごしんそう》のため不出御、翌年も同理由で不出御、等々、御物忌や病気で不出御が多い。堀河天皇在位中、十八回の五節で六回しか帳台試に出御していない。天皇不出御の場合は、基本的に摂政は代行するが、関白は代行しない。もっとも、承安二年（一一七二）十一月十二日丁丑、前年元服した高倉天皇は、復辟後のはじめての帳台試出御なので、御衰日《ごすいにち》・御物忌を破り、参入している（『玉葉』）。

帳台試への天皇出御が非公式であり私事の娯楽であることは、天皇の装束が「御直衣」であることからも判明する。長暦二年（一〇三八）十一月二十一日癸丑、「主上、祥（常）寧殿に御す〈御直衣を著す〉」（『春記』）、寛治六年（一〇九二）十一月二十二日辛丑、「主上直衣御装束、今年より御浅履《あさぐつ》を着すと云々」（『後二条師通記』）、と直衣姿である。

3．帳台試御覧の相伴

厳格に、帳台試を人目にさらすことを禁じている一方、帳台試を見ることができる特権を天皇近親者に与えることが多くなる。康和五年（一一〇三）十一月十四日己丑、右大臣忠実二十六歳のもとに蔵人がやってきて、帳台試に参入するように堀河天皇からの命が伝えられる。権大納言藤原家忠四十二歳、同藤原公実五十一歳、権中納言源雅俊四十歳、同源国信三十五歳に同様な命があり、五人が舞師宿所で天皇の相伴をしている（『殿暦』）。堀河天皇の母は中宮藤原賢子（藤原師実の養女、実父は源顕房）である。家忠は天皇の伯父で、公実はこの年の正月待望の皇子（後の鳥羽天皇）を出産し没した女御苡子《いし》の実兄、雅俊と国信は、故右大臣源顕房の子息で堀河天皇の実伯父、まさに天皇の側近親族である。官職にもとづく序列化ではなく、側近親族を天皇のみの空間に入れることによって、特権を可視化するのである。鳥羽天皇即位後は、白河院が帳台試参入者を決め命じる。天永元年（一一一〇）十一月十三日丁丑、関白忠実は、顕隆から、中将忠通も参仕するようにとの白河院の命を受け、家忠・宗通・忠通とともに帳台試に参入している（『殿暦』）。

天皇や院から帳台試に祗候するように命があったのに、参入しない場合、解官《げかん》されることさえある。仁安三年（一一六八）十一月二十一日戊寅、頭弁だった平信範は、後白河院から召しがあり、蓮華王院《れんげおういん》に駆けつけ、院の仰せを受ける。『兵範記』の記事の要約である。

去夕、帳台試に摂政が参る間、内大臣（雅通《まさみち》）・左大将（師長《もろなが》）は相伴すべきと定めて仰せておいた。ところが、宮（皇太后滋子《じし》）の行啓に供奉した後、命に従わず退出した。よって急遽新大納言実房《さねふさ》と左衛門督実国《さねくに》を召して帳台試に扈従させたというではないか。「有限の公事を遁《のが》れること、極まりなき罪過たり」。早く摂政に触れ、官職を解くように。

後白河院からの仰せを承ったが、大臣を解官する先例などあまり覚えていないので直接奏聞しようと思ったが、院の逆鱗《げきりん》に触れ、周章狼狽《しゅうしょうろうばい》して摂政基房二十五歳のもとに馳せ参じ、申しあげた。摂政は、仰せの旨は畏《かしこ》まり思うが、しかし大臣を解官する例があるのか、と信範に聞かれた。信範は、安和二年（九六九）三月に、左大臣源高明《たかあきら》が大宰権帥に左遷された例、長徳二年（九九六）四月、内大臣藤原伊周《これちか》が大宰権帥に左遷された例、左右大将の例はないこと、寛平八年（八九六）九月には皇太后藤原高子《たかいこ》が廃后された例、等を伝えた。摂政は、大納言と左右大将は沙汰に及ばず、大臣のことは早く院に奏聞するように、と仰せになる。信範は、また後白河院のもとに行き、摂政の答えを伝える。院は、内大臣のことは後で沙汰するように、両人のことは早く仰せ下すように、と命じる。信範は、摂政家、次いで左大臣藤原経宗五十歳の亭に行って宣を下した。

「右近衛大将朝臣、大納言兼左近衛大将皇太后宮大夫藤原師長朝臣等、五節帳台試不参により、各見任を解却すべし」てえり。すでに大事なり。丈座において宣下すべきと雖も、上皇の仰せは最も重し。早く一上の家に向かい、速やかに仰せ下すべき由、且つ殿下の仰せに依るなり。而して、左府、大外記頼業《よりなり》を召して仰せ下さると云々。

内大臣右大将源雅通五十一歳と大納言藤原師長三十一歳が、後白河院から帳台試に扈従するように命じられていたのに不参だったゆえに、解官されたのである。信範は、正午より子刻まで半日にわたり、院と摂政を三度往復し、寅日の殿上や宮の淵酔に出られず、御前試も見られなかったと嘆いている。

この年の二月、高倉天皇八歳が即位し、母平滋子《たいらのじし》は皇太后になり、後白河院は強力な院政を敷いていた。一方、源雅通は美福門院・八条院が支援する二条皇統の断絶に憤慨し、保元の乱で敗死した頼長の子息師長は、帰京を許され琵琶の達人として後白河院の側近となったが、摂関の地位をめぐり基房と軋轢《あつれき》があり、高倉天皇に対して否定的態度だったとされている（元木泰雄・二〇一二）。天皇の代行として摂政が帳台試に参入する慣例だから、その扈従拒否は天皇への敵対と考えられたのである。しかも当年は大嘗祭であり、大切な公事の拒否は罪過だった。大嘗祭が終了した二十六日、後白河院は信範に、「厳重な神態が、供神物も滞りなく、失態なく無事終わり、高倉天皇も眠ることなく大人のような作法ができたと聞いた。これも補佐する蔵人頭信範が懈怠《けたい》なく供奉してくれたおかげだ」と礼を述べ、信範を有頂天にさせている。両者とも大嘗祭が無事終了し、ほっとしたのであろう。なお、十二月十六日、雅通も師長も還任している（『公卿補任』）。翌年は、二人とも帳台試に参加している。

治承元年（一一七七）十月二十七日には、頭中将藤原定能が兼実のもとにやってきて、帳台試と童女御覧に参るように催している。十一月三日には、帳台試に、関白基房・右大臣兼実・内大臣平重盛・権中納言平宗盛・同平時忠、童女御覧には大納言藤原実定と中納言藤原宗家の二人が加わる、と蔵人頭から兼実に知らせている。十一月十八日癸丑当日、兼実は「扈従の人〈関白・余・時忠等なり。時忠この列にあること、世間希異の随一なり〉」と批判している（『玉葉』）。時忠は高倉天皇の伯父であるものの、兼実から見れば「諸大夫層」身分でしかなかったのであろう。帳台試や童女御覧で天皇と相伴する公卿は天皇や院が決定し、事前に通知していた。許可された公卿は天皇や院の側近親族であったが、従来の序列化が攪乱されたときには、公卿たちの妬みの批判が強かったようである。

しかしながら、あまり扈従が多くなっても問題が生じる。舞師宿所はさほど広くはなかった。承安二年（一一七二）十一月十二日己丑、高倉天皇ははじめて帳台試に出御する。

大師の壺祢《つぼね》の妻戸より入御す〈殿上人等、脂燭を取り前後に候ず〉。摂政、御簾をかかげ、実宗御沓を取り蔵人に給う。摂政（基房）・左大臣（経宗）・余（兼実）以下、皆妻戸内に入る。主上の西御座中に屏風を立つ。東間に畳一枚を敷く。摂政以下皆列居す。この一間はなはだ狭し。便宜無し。必ずしも畳に居さざるなり。（『玉葉』）

この時舞師宿所に扈従した公卿は、基房・経宗・兼実だけでなく、大納言師長・大納言平重盛・中宮権大夫平時忠がおり、総勢六人、たしかに畳一枚では狭かったのであろう。

なお、清涼殿から常寧殿の五節所まで、天皇が歩くための仮長橋《かりながはし》が造られる。

清涼殿の東廂北階下より、承香殿の坤《ひつじさる》角に到り、仮長橋を作る。（中略）主上出御す〈御直衣・御奴袴《おんやっこばかま》・御沓〉。仮長橋ならびに承香殿の南簀子《すのこ》・同馬通・后町廊・常寧殿の馬通等を経て、師の壺寝に入御す。殿上の侍臣脂燭を指し設け候ず。近習の公卿両三供奉す。若し出御せずば、執柄の人ならびに蔵人頭・行事蔵人、舞殿の東戸下に立ち、開闔す〈床子を用ゆ〉。（『江家次第』）

この仮長橋や筵道は、翌日の寅日御前試では舞姫が通る道に、卯日の童女御覧では、童女と下仕が通る道になる。十二世紀になると、扈従の摂政等に誰が沓を履かせるか等、興味深い記事も出てくる。

4．舞姫の舞と殿上人の乱舞

後述するように寅日と卯日に殿上や中宮御所等で淵酔や雑芸が行われるが、丑日夜の帳台試の最中、常寧殿五節所の前で、殿上人たちが乱舞する慣例は、十一世紀からはじまっていた可能性がある。長元九年（一〇三六）頃には「乱舞」があったと認識されていた。久寿二年（一一五五）十一月二十一日乙丑、「雲客乱舞の事なし。近衛院ならびに関白室の事、年中となすか。是れ長元九年の例と云々」（『兵範記』）とある。この年七月二十三日に近衛天皇が、九月十四日に忠通室宗子が亡くなっており、十一月二十二日丙寅の殿上淵酔は行うが、祖《かたぬ》ぎ（祖裼《たんせき》）は行わず、童女御覧も中止されている。一方、長元九年には、四月十七日に後一条天皇が、九月六日に中宮威子《いし》が亡くなっている。残念ながら長元九年前後の年の史料は残っておらず乱舞があったかどうかは不明である。しかし、後世の史料から推察して、乱舞的雑芸があった可能性は高い。

長久元年（一〇四〇）十一月十四日乙丑、舞姫参入が遅くなり、帳台試が終了したのはすでに「遅明《ちめい》」、すなわち明け方になっていた。「今夜、殿上人雑興の事ありと云々。はなはだ以て遷駕。これ例事なり」、とあり（『春記』）、丑日に殿上人たちの雑興が恒例になっていたという。とするなら、次節で述べるように朗詠《ろうえい》や散楽から乱舞へと発展する五節殿上人の雑芸は、十一世紀にはじまっていたとしてよかろう。

永長元年（一〇九六）十一月十五日辛丑、「深夜に及び帳台試有り。ただし、御出無し。（中略）遊興の儀なし。夜半ばかり退出」、遊興がなかったことをわざわざ記していることは、恒例になっていたことが推察される。承徳二年（一〇九八）十一月二十一日乙丑、夜に舞姫参入があるが、天皇は御物忌で御出がなかった。「頭中将〈顕通《あきみち》〉以下、殿上人三十人ばかり、帳代の前において小散楽、蔵人左衛門尉盛家、預たり。暁更に及び帰る」。康和四年（一一〇二）十一月二十日辛丑、「殿上人三十人ばかり祗候す。散楽、又是れ恒例の事か」（以上『中右記』）。丑日の帳台試に際し、殿上人三十人ばかりが、散楽を行っている。

保元二年（一一五七）十一月十五日丁丑、帳台試で舞姫が帳台に昇りおわった頃、「雲客后町の廊に群衆、乱遊の事あり」（『兵範記』）と后町廊で雲客が乱遊する。永暦元年（一一六〇）十一月十五日乙丑、「殿上人皆、后町廊に列立し、先ず阿音《あおん》、次に鬢佐々良《びんささら》、次に万歳楽《まんざいらく》、各乱舞。次に雲客の列、殿の馬道に入る」（『山槐記』）、と常寧殿（后町）廊で乱舞（らんぶ・らっぷ）をしている。乱舞とは、いろいろな歌舞を取り入れた、自由で当意即妙な芸能だった、という（石黒吉次郎・二〇〇一）。帳台試当日に、常寧殿（后町）の前で殿上人が散楽などの雑興をする慣例が十一世紀には成立しており、十二世紀中頃から雑興の内容が乱舞になっていくと考えておきたい。

第三節　淵酔

1．淵酔のはじまり

寅日御前試と卯日童女御覧に、蔵人頭を中心とした殿上人たちが殿上の間で酒食の宴を開く淵酔が行われた。この淵酔を分析した荻美津夫氏は、①堀河・鳥羽朝の白河院政期にはじめられ固定化したこと、②円融朝に廃絶した男踏歌を継受するものとしてはじまったこと、③殿上淵酔では、蔵人頭である貫首が差配役となり、盃酒と朗詠や今様の祝言的歌謡を詠い乱舞することで延年を願ったもの、④鎮魂祭同様に「タマフリ」的意義を担っていたこと、⑤その背景には宗教的民衆儀礼が宮廷にも及び、歌舞的要素の強い散楽が乱舞として盛んに行われていたこと、等を指摘されている（荻美津夫・二〇〇三）。

①の院政期にはじまったとするのは、十四世紀に編纂された『殿上淵酔部類』を主たる史料として分析した結果である。また、②の正月の男踏歌と十一月五節はどのように結び付くのであろうか。③の酒宴や朗詠、舞は、院政期以前から史料が散見される。とするなら、④や⑤のように宗教儀礼として短絡的に結び付けることも疑問である。そもそも淵酔とは、「深く酔うこと」（『日本国語大辞典』）である。さらに、「平安時代、天皇が殿上人を清涼殿の殿上の間に召して催した酒宴。殿上淵酔ともいう。正月、及び十一月の五節帳台試翌日の寅日に主として行われ」「朗詠・今様等が行われる。もとより公事ではなく内々の儀である」（『平安時代史事典』）、と説明されている。内々の儀である殿上淵酔、しかも十一月に行われる五節関係の淵酔でも、踏歌の宗教的意義を担っているだろうか。五節関係の殿上淵酔は、すでに十世紀から出てくる。後世の編纂物を安易に使用するのではなく、いつ、どのようにはじまり、定着し、変容するのかを史料を博捜《はくそう》して分析する必要があり、そのことにより、意義づけも解明できるはずである。この節では、寅・卯日のみならず、前述のように、丑日にも行われた淵酔や乱舞を検討する。

五節の殿上淵酔につながる酒宴の管見での初見史料は、長保五年（一〇〇三）十一月である。その年は、権中納言隆家と参議行成が舞姫献上者だった。

十六日壬寅、権中納言殿上に垸飯《おうばん》を出ださる。

十七日癸卯、余垸飯を出だす。頭中将（源経房）の所課なり。（『権記』）

寅と卯の日に、蔵人頭の命により、寅日には隆家、卯日には行成が垸飯を殿上に出している。蔵人頭による舞姫献上者への所課である。

次は、寛弘六年（一〇〇九）十一月十五日丙寅の記事である。

内より殿上人、中宮の御方（彰子）に参る。来会の上達部五、六人、盃酌数巡、酩酊の後、大蔵卿（正光）盃を取り、和歌の事あり。侍従中納言（行成）これを書く。（『御堂関白記』）

束帯し参内す。左府（道長）に詣ず。後、中宮御方、歌の興有り。（『権記』）

寅日に中宮彰子御在所で酒宴があり、和歌が詠まれている。前年、彰子は敦成《あつひら》親王を出産しており、この年は十日後の十一月二十五日に、敦良《あつよし》親王を出産する。臨月の中宮邸で酒宴があり和歌の興があったことになる。彰子は、参会者に負担を強いる一種物を父道長が頻繁に行うことを禁じる一方、自身が酒肴を用意し公卿層を招く宴はたびたび行い、実資から「賢《けん》后《こう》」と賞賛されている（服藤早苗・二〇〇四a）。建久二年（一一九一）十一月二十日乙丑、兼実は、「上東門院（彰子）立后以後、毎年禁中に御座す。しかるに、寛弘六年、懐孕により里第に御座す。彼の時、公卿参入し淵酔あり。行成記にみゆ。後一条院中宮、後朱雀院源

（源《げん》）子《し》中宮、常にこのことあり。よりて今日、淵酔申し行う所なり」（『玉葉』）と、この彰子邸での公卿が集まり飲み酩酊した宴を、淵酔とよんでいる。上達部五、六人も、そのなかの一人と思われる行成も、内、すなわち天皇御在所の清涼殿に行き、そこから道長もいる中宮彰子の御所に向かっている。

さらに、翌日十六日丁卯には、「殿上垸飯の事、頭中将（公信）に云い伝う」（『権記』）と蔵人頭に殿上垸飯を伝えている。前日、行成たち殿上人が、殿上垸飯の後で中宮御在所に行っており、長保五年の殿上垸飯も勘案すると、殿上での宴の後、中宮での宴があったとしてよい。十二世紀末には、中宮での盃酒・酩酊は淵酔とよばれており、殿上での垸飯も、殿上淵酔と推断される。十一世紀初頭には、殿上淵酔と同時に中宮等の淵酔もはじまっていたことを確認しておきたい。

ところで、寛弘五年（一〇〇八）十一月の五節を記した『紫式部日記』には、「寅の日のあした、殿上人まゐる。つねのことなれど、月ごろにさとびにけるにや。若人たちの、めづらしと思へるけしきなり」と、寅日（二十一日戊寅）の朝、殿上人たちが中宮彰子の御前に参上していた。「例年のことだけれども、ここ数ヶ月出産のために里第になれてしまったのか、若い女房たちは珍しいと思っている」と記す。例年、寅日に中宮御所で酒肴があったと読み取れる。なお、この時は一条院里内裏で、北対（中殿）を清涼殿とし、中宮御在所は東北対だった（阿部秋生・一九五九）。

長和三年（一〇一四）十一月二十一日癸卯のことである。実資のもとにやってきた養子資平は、次のように語っている。

昨日、新中納言〈頼宗〉、殿上に食物を出だす。即ち、かの納言および新宰相（公信）・三位中将〈能信〉等、侍所《さむらいどころ》に候じ、酒食の酔後、殿上人相共に歩行し、左相府（道長）に参る。今日、納言また食物を出だし、新宰相〈公信〉同じく食物を出だす。

（『小右記』）

道長が三条天皇へ執拗《しつよう》な退位要求を突きつけている時期である（倉本一宏・二〇一三）。殿上に食物を出した頼宗と公信はともに舞姫献上者である。寅日と卯日、両日殿上で酒宴を行い、寅日はその後道長の直廬《じきろ》に行っている。卯日はその後童女御覧があり、童女の衣装が過差《かさ》のうえ、六位が禁色を着していることを縷々《るる》述べた後、実資は、「強いて叡慮《えいりょ》にそむく。王化の薄きか。はなはだ以て歎息す」と嘆いている。また、今夜、殿上において群飲して宮たちの御供をしなかった源雅通、源朝任《ともとう》、橘為義が勘当されている（以上『小右記』）。したたか飲んだようである。もっとも、この頃の酒はアルコール度数は低かった（小泉武夫・一九九二）。以後、寅日と卯日の殿上垸飯は、ほぼ定着する。

寛仁元年（一〇一七）十一月の五節では、「二十日庚寅、殿上会事の次いで、美濃・但馬守等、五節所の肴物《こうもつ》を召し、兼ねて酒殿の酒を召す。人々酔いに乗じ、遊蕩《ゆうとう》す」、「二十一日乙卯、内に候ず。新中納言（能信）殿上埦飯を出さる〈左大将（教通）調えらると云々〉。上達部・殿上人多く参会せらる。各酔いに乗じ、五節所を巡検す」、とある（『左経記』）。舞姫献上者の美濃守藤原泰通と但馬守橘則隆から酒肴を召すだけでなく、酒殿の酒も用意され、酩酊し、遊蕩している。治安二年（一〇二二）十月十日の蔵人所御牒《みちょう》で五節料として交易手作布《てづくりぬの》十端、不動穀《ふどうこく》四十一石五斗八升が拠出されており（『九条家本延喜式裏文書』）、蔵人所からも酒肴等が用意されていた。

さらに、寛仁元年の卯日には同じく新中納言藤原能信二十三歳からの酒肴で、多くの上達部・殿上人たちがまずは殿上で飲酒し、各五節所を巡回している（『左経記』）。

寛仁二年（一〇一八）十一月二十日戊寅、実資は憤慨している。

今日、宰相（資平）殿上に埦飯を出だす。蔵人頭左中弁経通調備する所なり。極めて豊《ほう》贍《せん》と云々。殊に菓子六十合〈折櫃《おりびつ》は皆彩色と云々〉、二十合は内の大盤所《たいばんどころ》、二十合は太皇太后宮（彰子）、二十合は中宮（威子）に、各之を奉ると云々。惣じて聞かざるの事なり。宰相の雅意《がい》に非ず、只頭弁の所為なり。近代の事、以て之を優となす。後に聞く、執啝《とりばみ》殿上に昇る、往古聞き見ざる所、指弾すべし指弾すべし。（『小右記』）

実資の養子資平が舞姫献上者だった。蔵人頭経通が調備したという。経通は資平の実兄であるが、まだ宰相（参議）ではない。ご馳走のみならず、菓子を内大盤所、太皇太后彰子、中宮威子の各御在所に奉ったという。「執喫」が殿上に昇って食べたことは前代未聞だと憤慨している。「とりばみ」は、『枕草子』「なほ世にめでたきもの」の段で、臨時祭の御前試で、殿上人たちが飲食して席を立つと、「とりばみ」というものを男がするのさえいやなのに、思いもかけず火焼屋《ひたきや》（衛士が警護のために火をたく小屋）から女どもが出てきてたくさん取ろうと騒ぐ、と描写されている。ご馳走の下ろしを取っていく昇殿を許されていない下っ端の男女たちが、殿上に昇ったのは、たしかに前代未聞だったのであろう。ただし、以後も「下人」たちのとりばみは多い。永久元年（一一一三）十一月十五日壬辰、豊明節会の間、日華門《もん》内に下人が多く見物しているので、摂政忠実は随身《ずいしん》に捕らえさせ、検非違使《けびいし》に渡している。さらに、節会が終了すると女官が上達部の饗を取るので蔵人に仰せて捕らえさせている（『殿暦』）。普段も饗宴の後にはとりばみが多かったにちがいない。

長元元年（一〇二八）十一月十五日乙巳、実資のもとに養子の資平がやってきて、「昨日、頭中将の顕基《あきもと》の宿所で、丹波守源章任《あきとう》の五節所の珍味を肴に酒を飲み、みなで泥酔して遊戯をし、各々禁止を破り脱衣して左近衛府生尾張時頼《ときより》に被《かず》けたことが、天皇の耳に入り召し問われたそうです」と伝える。翌日、殿上人が脱衣し時頼と主殿の女官に被けたとして、頭中将顕基が勘事に処せられている。前年道長が没しており、この年は五節所の儲《もう》けや脱衣が禁止されていたのに破ったからだと思われる（以上『小右記』）。当初は、蔵人頭宿所でも、酒肴と遊興が行われていたようである。

『西宮記』（恒例・十一月）常寧殿試には、「寅・卯日の間、殿上より然るべき五節所、肴物を召す。近代、埦飯を調え之を出だす〈以上、近代見えず〉」とある。舞姫献上者の五節所から埦飯を殿上に召し、それを五節行事統括者の蔵人頭を中心に飲食するのである。以上の史料から、後に殿上淵酔や中宮淵酔と固定的呼称でよばれる酒宴は、十世紀後期にははじまっていたと考えて間違いない。

なお、殿上とあり、清涼殿の殿上の間での飲食・雑芸であり、天皇は基本的に見なかったのだと思われる。天仁元年（一一〇八）十一月二十日丙寅、「今日殿上の遊ぶ日なり。余（忠実）、密々に殿上の上戸より之を見る。主上之に同じ。女房一両候ぜしめ給う〈今日余ケイ《ママ》リなり、直衣なり〉」（『殿暦』）と、摂政忠実三十一歳と鳥羽天皇六歳が殿上の間の上戸からのぞき見している。殿上の間で行われたこと、摂政や天皇は普通は見なかったこと、がうかがえる。また、『承安五節絵』詞書⑤の「寅の日は、殿上の淵酔なり」の絵では、殿上の間で肩脱ぎした殿上人たち十一人が座り、新蔵人藤原成実《なりざね》が酌を持ち、盃を持った仲基《なかもと》に注ごうとしている。まさに、殿上の間で行われるから殿上淵酔であり、主役は統括者でもある蔵人頭であった。

2. 舞う男たち～朗詠・歌舞・乱舞

では、寅日、卯日の殿上や中宮等の所々での酒宴の際に雑芸が伴うようになるのは、いつのことからであろうか。後朱雀天皇の蔵人頭資房がきわめて詳細に記しているので、日記『春記』を見てみよう。

長暦二年（一〇三八）十一月二十三日乙卯、蔵人頭資房は次のように記している。

童御覧の日なり。今日中院に出御せざるは由緒ありと云々。俊家卿《としいえ》垸飯を儲く。未の剋許り、経宗、長家、師房、兼頼、隆国、良頼、通房、俊家著饌。但し良頼卿一人束帯、自余は皆直衣、宜しからざる事なり。盃酒数巡の後朗詠の事ありておわる。（『春記』）

後朱雀天皇が中院に出て新嘗祭を行わないのは由緒がある、という。舞姫献上者の新参議俊家二十歳が酒肴を用意する。未剋（午後二時）、経宗・権大納言長家三十三歳・権大納言師房二十九歳・参議兼頼二十五歳・参議隆国三十五歳・参議良頼三十七歳・非参議通房十四歳が、饗饌の座に着いている。源経宗は記主資房の義兄である。頭中将資房三十二歳と頭弁経輔《つねすけ》三十三歳の二人も当然座に着いていた。良頼以外は直衣だと批判している。盃酒数巡の後、朗詠があった。卯日の殿上での宴に若い殿上人が着座し、飲食し、朗詠を行う。まさに、殿上淵酔における雑芸である。三十歳代以下の参議が参加している。

長久元年（一〇四〇）十一月十五日丙寅、同じく頭中将資房の日記である。

　五節所の酒肴の召無し。多くは是れ節日に依りてなり。盃酒数巡、侍中相逓《たが》いに勧盃《げんぱい》、朗詠歌遊の興あり。（中略）酒闌《さけたけなわ》の間、預蔵人式部丞公基《きんもと》（割注略）、束帯を着して参上（割注略）、予に勧盃す。予、右頭中将に相譲る。酒おわりて各々相袒《かたぬ》ぎ了んぬ。相引いて中納言御五節所に向かう。中納言ならびに権中納言信家、左大弁経輔、三位通基《みちもと》等その渡殿《わたどの》にあり。聊《いささ》か酒肴の儲あり。（『春記』）

今年は五節所から酒肴は召さなかったが、蔵人たちは盃酒数巡し、朗詠や歌遊を行った。中略の部分は、世間は内裏が焼亡したのでいろいろなことを中止しているのに何と言うことだ、と批判が記されている。行事蔵人公基は束帯で資房に酌をしたので、右中将蔵人頭信長十九歳に譲った。酒宴がおわるとお互いに肩脱ぎして、権中納言通房（頼通男）献上の五節所に向かい、殿上人と一緒に酒肴している。殿上淵酔は、蔵人が中心で、盃酒と朗詠等の歌遊があり、終了後、肩脱ぎして、各五節所を廻り、酒肴の席に着いている。序章で見た『今昔物語集』の尾張守は宮中に出入しなかったので知らないだけで、十一世紀にはすでに蔵人や殿上人が酔っ払って肩脱ぎして五節所を廻ることが恒例になっていたのである。

　その後、右大弁資通《すけみち》の五節所にも立ち寄る。さらに、頭中将信長と中納言信家の兄弟に誘われ女御生子《しょうし》の殿舎に行く。歓待を受け、盃酒、歌遊の後、ついに女御の父教通が御簾のなかから勧盃してくれた。教通以下、みなが肩脱ぎして、両巡し、分散した、と記されている。教通一家が、蔵人頭を歓待したのである。

翌十六日丁卯、童女御覧は中止になったが、殿上淵酔は行う。この日は、関白の意向で、舞姫献上者の保家《やすいえ》五節所から酒肴を召している。殿上人が数多く参集し、盃酒があり、「雑興」があった。この間、酔いに乗じて肩脱ぎするのは例のとおりである。この日は、権中納言通房五節所や昨年源子《げんし》が産んだ若宮のもとにも参った。「里第に坐すの時必ずしも参らざる事なり。然れども、近代の例に従う。又追従の故なり」。みなで群議したゆえである。資房は信長と同車して宮たちの御方に参った。参加の上達部は、師房・通房・信家・兼頼・隆国・公成・俊家・経輔・良頼、それに信長・資房である。ところが、場所は狭く、酒肴や菓子があったが、酣酔に及ばなかった。頼通の気色が冷淡だった。饗応がないようなものだ。興遊にも及ばなかった。翌日、頼通が冷淡だった理由が判明する。寅日に資房たちが教通女の女御殿舎で教通と一緒に飲酒し興遊したことに立腹しているのだという。本来は、頼通の方に行くべきではないか、という。頼通と教通兄弟の確執はこの頃強まっていた。資房は、女御が禁中におられ、内大臣教通からも誘いを受けたのだから行くのが当然ではないか、と愚痴っている（『春記』）。

寅日御前試の前、卯日童女御覧の前に、あるいは童女御覧は中止になっても殿上淵酔は行われたことがわかる。酒肴に朗詠等の興遊が伴っていたこと、肩脱ぎをして各五節所、中宮・女御等の殿舎を巡回すること、宮中以外の場にも牛車等で行き酒宴興遊を行うこと等は、すでに十一世紀中頃には慣例になっていたことが史料から判明する。

この朗詠等の興遊で、和歌（寛弘六年十一月十五日丙寅）や遊蕩（寛仁元年十一月二十日庚寅）などが伴っていたことは、すでに見てきた。十世紀後半から、御読経《みどきょう》結願《けちがん》や小弓《こゆみ》等の遊興の際、清涼殿で酒肴の宴があり、侍臣が歌舞で遊ぶことは恒例になっていた。たとえば、永延二年（九八八）十月七日、御物忌でもあり庚申夜《こうしんや》だったこともあり、酒殿から酒を、また食物も求め、「侍臣淵酔、あるいは歌い、あるいは舞う。暁光におよび相率い皇太后辺に参り歌い舞」（『小右記』）っている。九歳の一条天皇の庚申夜に籠もった侍臣たちが殿上で淵酔を行い、皇太后詮子《せんし》の殿舎に押しかけ歌舞を行ったのである。

長久元年（一〇四〇）十一月二十五日には、故中宮嫄子第一皇女祐子内親王袴着《はかまぎ》の後宴で「盃酌無算、朗詠の興有り、又今様歌の戯れ」があり、重尹《しげただ》が今様を歌い満座が頤《おとがい》をはずしている。大納言以下がこのようなことをするとは甚だ軽々しいと、蔵人頭資房は憤慨する（『春記』）。宮廷貴族たちは、朗詠、笑いを伴った流行歌も含んだ今様等の興遊をしていたのである（沖本幸子・二〇〇六、服藤早苗・二〇一一b）。

五節寅日・卯日の殿上淵酔でも当初から参列者による朗詠、今様、散楽が伴ったことは間違いなかろう。宮廷での広がり等を勘案すると、男たちの五節淵酔での朗詠・歌舞等は、院政期に突如はじまったのではなく、十世紀後半には行われていたとしてよい。

大勢の殿上人が押しかけ、殿上や中宮等の各所で行われる淵酔で、芸能が賑やかに行われると、天皇まで密かに見に行くことさえある。殿上淵酔を天皇と摂政がのぞき見たことはすでに指摘したが、中宮等の淵酔にも密かに参入し、見物している。康和五年（一一〇三）十一月十五日庚寅、堀河天皇二十五歳と右大臣忠実二十六歳は、「この間、余、密かに院御方に参る。しばらくありて、主上密かに渡御の間、殿上人参進し、酒を居え、名物朗詠、次いで今様、各舞、退出し、中宮に参る。余この程退出」（『殿暦』）、と斎院令子内親王《さいいんれいし》の弘徽殿《こき》に渡って、殿上人たちの雑芸を楽しんでいる。もちろん、御簾中にいたのであろう。

さらに、院政期には、中宮や皇后などが宮廷外にいるとき、殿上人たちは内裏を出て行くことが頻繁になる。保安元年（一一二〇）十一月十七日甲寅、天皇の御物忌だったが、頭中将は籠もっていなかったようで殿上淵酔には不参加、五節所を廻る途中で参加し、中宮（藤原璋子）三条《さんじょう》烏丸邸《からすまてい》に行き、「盃酌五献に及び、殿上人淵酔、散楽興に入ると云々。その後皇后宮（令子内親王）御所三条町尻亭に参り、三献あり」（『中右記』）、と頭中将藤原宗輔《むねすけ》は、本来蔵人頭が統括者である殿上淵酔には参加せず、他の淵酔には参加している。殿上以外の淵酔の方がより華やかに賑わったのであろう。

永久三年（一一一五）十一月十三日戊寅、関白忠実三十八歳は、午刻からの殿上淵酔で、下﨟より立って舞い、忠実も内大臣忠通十九歳も舞っている。さらに、「余以下袒裼《たんせき》し朗詠」とあり、袒裼、すなわち肩脱ぎして詠い舞っている（『殿暦』）。関白以下多くの公卿・殿上人たちが、下位の者から立って舞うのである。長承元年（一一三二）十一月二十一日戊寅、殿上淵酔の後、女院御所に行き淵酔乱舞、今度は北御方に参り勧盃、肩脱ぎ、朗詠、今様、乱舞と飲み詠い舞っている（『兵範記』）。

沖本幸子氏は、五節淵酔の芸能で今様が定着する流れを、四つに分類されている。①朗詠の時代（一〇三五〜一〇八五年頃）、②朗詠＋散楽の時代（一〇八五〜一〇九五年頃）、③朗詠＋散楽＋今様＋舞の時代（一〇九五〜一一三〇年頃）、④朗詠＋今様＋乱舞の時代（一一三〇年頃〜）、後白河院の時代から乱舞が肥大化し、白拍子等の乱拍子の曲で乱舞するようになる。万歳楽は舞楽《ぶがく》の寿《ことほ》ぎの曲で天皇の栄えを祈る歌舞だったが、白拍子の乱舞諸曲は、寿ぎとは無縁の戯《たわむ》れ歌である。「神事」から「遊宴」へ、五節は享楽の度を高めていく（沖本幸子・二〇〇六）。五節淵酔の芸能に関しては、芸能史研究の蓄積を参照してほしいが、殿上はじめ所々の淵酔の場で行われた芸能は、その当時流行していた芸能が、次々に淵酔の場に取り入れられたのである。最初から踏歌の所作に近い乱舞があったのではない。乱舞は、踏歌や鎮魂祭とは関係なく、むしろ五節が神事を離れ、遊宴的傾向を強めていく象徴なのである。

3. 直衣着用と肩脱ぎ

ところで、長暦二年（一〇三八）十一月二十三日乙卯の殿上淵酔では、直衣で参加した殿上人たちを資房は非難していた（『春記』）。寛仁元年（一〇一七）十一月二十日甲寅、養子の資平が実資に、「摂政（頼通）殿上人を率い、参入せらる。侍臣直衣」と伝えている（『小右記』）。殿上淵酔で参加した侍臣が直衣姿だった。実資が、わざわざ記したのは、やはり異例だったからであろう。道長と侍臣への批判である。天喜五年（一〇五七）十一月は中納言中将師実が舞姫献上者だったが、「故殿、納言にて五節を献ぜしめ給ひし時、上東門院より新しき御装束を調へらる。件の御直衣は」（『富家語』第九十二条）と、彰子が師実に直衣を賜与している（高松百香・二〇〇五）。殿上淵酔で着用する直衣だろう。この頃には直衣着用が定着していたと推断できよう。

直衣は私的な日常的装束である。内裏での直衣（雑袍）着用は、九世紀末に昇殿者に勅許され恒例になっていたが、時宜にあった着用が求められるようになり、十一世紀前後では、①体調不良の時、②火事後等の特殊な状況下、③外戚、の着用機会に大別された。ところが、十一世紀中頃には、天皇の外戚以外の「外人直衣」が近代の作法になりつつあった、とされる（佐藤早紀子・二〇一一）。すでに十一世紀初頭から、五節殿上淵酔では、時宜を重視し宮廷秩序を重んじる殿上人たちが、直衣で参加していたのである。さらに、侍臣の直衣着用は、殿上淵酔が非公式な私的な儀式と認識されていたことでもある。

院政期になると、殿上淵酔での直衣着用は恒例になっていた。ただし、直衣着用が免じられていない殿上人は束帯姿だった。永久三年（一一一五）十一月十三日戌寅、関白忠実三十八歳の『殿暦』である。

> 辰剋ばかり、御前に参る。午剋殿上人、殿上において例の如く盃酒の事あり。その後、五節所に付す。ただし、内府（忠通）五節所において、朗詠あり。宮の御方に参る。しこうして、余・右府（源雅実）・内府・右大将（家忠）・次々の上達部十人ばかり参会す。酒肴の事あり。直衣を免ぜられざる人、皆束帯を着す。

殿上人十人のなかでも直衣を免じられない人、すなわち雑袍宣旨を得ていない者は、束帯を着して参加している。

直衣が許されないと、束帯を着さねばならなかった。仁平元年（一一五一）十一月十七日癸丑、頼長の『台記』の抄出『宇槐記抄《うかいきしょう》』である。

> 今夕五節参内。師長《もろなが》未だ直衣を聴《ゆる》すの宣旨を蒙《こうむ》らず。束帯で参入。面目無きに似たり。よりて参内せず。

左大臣頼長二男師長十四歳は、この年二月二十一日に参議に任じられたが、直衣勅許は得ておらず、直衣始の儀をすませていなかった。父親にとっては面目が潰れたことになるのであろう。摂関期には、参議への昇任がそのまま直衣許可だったが、院政期になると雑袍勅許が必要になり、直衣始の儀式も出現するようになったと推察されている（佐藤早紀子・二〇一二）。

承徳二年（一〇九八）十一月二十二日丙寅、正四位下左中弁宗忠三十七歳は、直衣を着し殿上淵酔に参入する。盃酒・朗詠・今様が行われ、中宮篤子《とくし》内親王の御所に行く。殿下師通の仰せにより参会者が多いが、ここでも殿上人は、直衣を着ている。この淵酔の途中で大変興味深いことが記されている。

座は中宮大夫（師忠）の上、右大将（雅実）頗る以て饗応す。中宮大夫、予の紐を解き肩脱ぎす。人々、その後肩脱ぎ、数度盃酌。命に依るなり。（中略）その後散楽、公卿に及ぶ。事すでに興に乗ずるなり。或る人云わく、「左大弁は衣冠を着すべきか。直衣頗る便なきなり。凡そ大弁参内の時、強いて直衣を用いざるか」。（『中右記』）

中宮大夫源師忠は、正二位権大納言四十五歳、中宮職の大夫が、藤原宗忠を饗応し、直衣の紐を解いて、肩脱ぎさせ、その後全員が肩脱ぎをする。左中弁宗忠も含め直衣を着用したことを批判されている。宗忠は昇殿は許されているが、雑袍宣旨賜与は不明であり、参議になるのは翌年である。

大治五年（一一三〇）十一月十五日甲寅、頭中将宗能以下二十余人の殿上人たちが、殿上淵酔終了後に宮の御方に参り、酒肴と朗詠がある。「歓じ甚だ興あり。人々感気し肩脱ぎ、万歳楽を舞う」（『中右記』）、感極まって、肩脱ぎし、舞っている。

肩脱ぎは、十世紀末には恒例になっていた。『枕草子』「内は、五節のころこそ」の段である。

殿上人の直衣ぬぎたれて、扇やなにやと拍子にして、「つかさまさりとしきなみぞたつ」といふ歌をうたひ、局どもの前わたる、いみじ立ち馴れたらむ心地もさわぎぬべしかし。まいてさと一度《ひとたび》うち笑ひなどしたるほど、いとおそろし。

殿上人が直衣を肩脱ぎして、扇で拍子をとりつつ、歌をうたいながら、局の前を渡る姿を見るのは、長年宮仕をしている女房たちも胸がときめく。まして、どっと笑ったりするとびっくりする。

「寅の日の夜、すでに例のことなれば、殿上人、肩脱ぎあるべければ」（『讃岐典侍日記』下巻）と、女房たちにとって、記憶に強くとどめる姿だった。『承安五節絵』にも、肩脱ぎした殿上人たちが后たちの殿舎の前を通ると、女房たちがのぞき見する姿が描かれている。この無礼講的姿が、女房や雑仕女まで、平安宮廷社会で奉仕する女性たちにとって、年中行事のなかでも大きなイベントだったにちがいない。

この袒裼＝肩脱ぎは、承徳二年（一〇九八）に見られたように、上司の命や紐を解く行為からはじまるようである。康和五年（一一〇三）十一月十五日庚寅、殿上淵酔遊興に頭中将藤原顕実《あきざね》他殿上人二十四人が参集した。行事蔵人の藤原重隆《しげたか》が饗応していると、「頭中将、手ずから重隆の剣を解く。世人頗るこれを難ず。貫首たる人、なんぞ饗応と雖も、六位蔵人自ら剣を解くべきか。その難もっともしかるべきなり」（『中右記』）と、蔵人頭が六位蔵人の剣を解いたことを非難している。本来は、「この間、貫首の命により、一﨟剣を解く。貫首以下之に従う。満座袒裼、盃を流しおわんぬ」（『兵範記』仁安二年十一月十四日）、と貫首である蔵人頭の命で、蔵人のトップが剣を解くと、蔵人頭以下の殿上人たちが、みな、袒《かたぬ》ぎをし、盃を廻したようである。蔵人たちは束帯姿であり、殿上淵酔の責任者の蔵人頭が、束帯をゆるめ、くつろいだ姿を許可し、肩脱ぎしたのであろう。

長承元年（一一三二）十一月二十一日戊寅、殿上淵酔がおわると蔵人頭以下が、袒裼して五節所・女院御所を廻り、中宮御所に参る。他の雲客が着座し、盃酒が行われる。大納言中宮大夫源能俊六十二歳が、紐を解くように示し、頭弁以下一同が紐を解く。袒裼姿で、今様・乱舞を行う（『兵範記』）。保延二年（一一三六）十一月十四日戊寅には、殿上と中宮・斎院で淵酔が行われた。権大納言頼長十七歳は、直衣を着し、斎院（怡子《いし》内親王）の淵酔へ参入する。殿上の淵酔がおわって、殿上人が中宮殿舎に参入すると、関白忠通が御簾のなかから着座を命じる。酒肴が出され、勧盃になる。朗詠、今様、万歳楽、下﨟より舞上がる。頭中将忠基《ただもと》が飲みおわって頼長に授けるが、頼長は飲まないで、忠基に飲むように指示し、忠基が飲む。同様に二度も忠基は飲む。これは遊戯的に蔵人頭に飲ませる所作《しょさ》らしい。さらに、頼長は、忠基に「紐を解くべし」と言う。忠基は紐を解き袒ぐ。大宮中納言は、紐を解かずと称し袒ぎしなかった（『台記』）。直衣を着し、蔵人頭に酒を飲ませ、下位の者から歌舞し、肩脱ぎ（袒裼）することが、淵酔の構成要素だった。肩脱ぎはくつろいだときの姿で、それを御簾のなかで天皇や中宮・女院・摂関が見守るなか、全員に許可されるのである。非公式の日常的な直衣の肩脱ぎは、官位にもとづく官人秩序を一時的に停止し、無礼講を演出する可視的表象といえよう。

直衣を肩脱ぎして乱舞し、内裏内のみならず、外に出ていく無礼講の淵酔は、もはや神事からはほど遠い。寿永《じゅえい》二年（一一八三）閏十月八日、頭中将藤原隆房《たかふさ》から、今年の五節を実施すべきかどうかを聴かれた右大臣兼実三十五歳は、「今は、安徳天皇と神鏡《しんきょう》・剱《けん》・璽《じ》の三種の神器が賊徒と共に西国にある異常な状況である。しかも、五節は神事であると雖も、すでに遊宴になっている。万歳楽を唱い、乱拍子を舞う、もっぱら三神の礼ではない。今年は停止すべきである」と意見を述べている（『玉葉』）。その後、実際に中止になっている。翌年の元暦元年（一一八四）十一月十八日癸卯にも、「御覧及び淵酔は、神事にあらず、儀式にあらず、ただ興宴を催す為なり」（『玉葉』）と批判している。五節は、神事から娯楽へと変容したことが、当該期の貴族層にも認識されていたのである。

以上のように、五節関係の淵酔は、①十世紀からはじまったこと、②踏歌とは関係ないこと、③直衣を着し殿上で宴を行う非公式の、私的、娯楽的遊宴であり宗教性はないこと、④袒裼（肩脱ぎ）し無礼講を行ったこと、等が明らかになった。荻氏の淵酔論は再検討が必要となろう。

なお、十二世紀中頃になって淵酔のなかに、櫛合《くしあわせ》、あるいは櫛置《くしおき》とよばれる娯楽がはじまる。長承元年（一一三二）十一月二十三日庚辰、豊明節会がおわり、雲客が女院に参って乱舞した後、女院と宮は内裏から出御する。その後雲客が女院の邸宅に参り、「乱遊、櫛合事あり」（『兵範記』）と、待賢門院御所で櫛合を行っている。永暦元年（一一六〇）十一月十六日庚寅、御前試が終了し舞姫たちが退下した後、殿上人が天皇の御簾の前に櫛を置き、蔵人が取って天皇に進上している（『山槐記』）。この頃から、天皇や中宮等に櫛を献上することが恒例になったようで、十二世紀末には乱舞等の芸能のなかに取り込まれるようになる。十二世紀末頃から定着する置櫛と物云舞《ものいいまい》との関連については、沖本幸子氏が詳細に検討されている（沖本幸子・二〇〇六）。万寿二年（一〇二五）十一月十二日庚寅の舞姫の装束料に木彫《きぼり》櫛《ぐし》・下櫛《したぐし》・蒔櫛《まきぐし》が記載されており、「件の櫛は蔵人所より給わるか。しかれども先日作物所に仰せて」作らせている（『小右記』）。永久三年（一一一五）、「一、本所儲くべき物　彫櫛《えりぐし》六百枚・差櫛《さしぐし》〈上十二枚　下十二枚〉・蒔櫛、釵子十五枚〈八枚は女房料、四枚は下仕料、三枚は舞姫料〉」（『類聚雑要抄』）と六百枚もの彫櫛がある。平安時代から五節舞姫と櫛は重要な関係があったと想定されるが、今後の課題としておきたい。

第四節　御前試

1. 儀式次第

御前試とは、舞姫たちが常寧殿の五節所から天皇の御在所の清涼殿にやってきて、天皇や皇后の前で、予行演習、リハーサルを行う儀である。『年中行事御障子文《ねんじゅうぎょうじおしょうじぶみ》』には、「同日（中寅）夜、試五節舞事」とあるから、寅日の夜の御前試は九世紀末から行われていたことがうかがえる。実際の史料では、延喜十九年（九一九）十一月十四日戊寅、「舞姫等これを試す」（『西宮記』十一月・新嘗祭事裏書）とあり、十世紀初頭から確認できる。

まずは、清涼殿の設営である。①清涼殿の東廂《ひがしびさし》に御簾を垂れかけ、天皇の座となす。②皇后が昇るときは額間《ひたいのま》を御座所となす。③孫廂《まごびさし》に屏風を立て、長莚《ながむしろ》を敷き、円座四枚を設け、舞姫座となす。④舞姫座の南に円座を敷き、舞師の座となす。⑤各舞姫の前に燈台を立てる。⑥南廊壁下に畳を敷き大歌座となす。

設営ができると、大歌人が仙花門《せんかもん》より入る。①大歌人に酒肴を賜い殿上侍臣が酒を勧める。内蔵寮は菓子、酒殿は酒、贄殿《にえどの》は干物《ほしもの》を用意して、蔵人所の雑色が運んでおく。②舞師が参入する。③舞姫は、理髪一人、童女二人、几帳持ち下仕一人を従えて参入する。④蔵人頭は他の者が闖入《ちんにゅう》しないように見張る。⑤大歌が声を発し、舞姫は舞う。⑥内侍は、御歌を返すべきを示し、蔵人頭がこれを聞く。蔵人頭は、「御歌を返せ」と言う。⑦おわったら舞姫は帰り、⑧大歌人は名を名のる（『西宮記』『江家次第』等）。なお、舞姫は結髪し長袂姿《ながたもとすがた》だった（吉村佳子・一九九八）。

丑日に天皇が帳台試に出向くようになった十世紀後半からは、天皇のために造った筵道の上を舞姫たちが五節所から歩いてくる。

童のぼらんずる長橋、例のことなれば、うちつくり（内匠）参りてつくるを、承香殿《じょうきょうでん》の階《きざはし》より清涼殿の丑寅《うしとら》のすみなるなかはし戸のつままでわたすさま、昔ながらなり。

（『讃岐典侍日記』下巻）

卯日の童御覧の童女たちも同じ筵道を通るので、内匠寮の工人がやってきて造るが、承香殿の階段より清涼殿の北簀子の東端にある腋戸《わきど》に橋を渡す、とある。丑日に天皇が常寧殿に行く経路は、「仮長橋ならびに承香殿南簀子・馬道・后町廊・常寧殿馬道等を経」（『江家次第』）る規定になっている。

舞姫が清涼殿に昇るときには、参入時と同じように、几帳の四隅を男性が持ち参入する。長暦三年（一〇三九）十一月十五日壬寅、資房が蔵人頭だったときの御前試の現代語訳である。

亥刻（午後十時頃）まず童が参入、その後、四所の舞姫が参上し円座に着す。下仕一人は几帳を持ってくる。理髪一人が付き添う。下仕は返す。右大臣実資献上の舞姫には、経成・定親・資仲が几帳の角を取ってやってきた。その前に舞師がやってきたが、天皇の前の所定の座に着かないで、御屏風の外にいる。「もしくは恥気あるか。不便のことなり」。舞姫が舞う。おわったら内侍が御歌のことを仰す。蔵人頭経輔が伝え、御歌を返す。大歌が名を名のり退出。その前に、童女や舞姫たちが退下する。おわったのは子の二刻（午後十一時半）だった。（『春記』）

亥刻を十時頃と推定すると夜の一時間半、舞姫たちは灯火に照らされ、緊張を強いられたにちがいない。舞師は天皇の前に座るのを恥じてためらっている。この舞師は、前章で述べた良岑氏子の孫女ではないかと推察される。氏子の病悩で孫女に代わったのは長元七年（一〇三四）十一月だった。ただ、五年間つとめても恥気が消えないのだろうか。前日は御物忌なので天皇は帳台試に行っていない。結局、翌年の長久元年（一〇四〇）十一月十五日丙寅の御前試では、資房が反対したものの、後朱雀天皇の仰せにより、舞師の座は屏風の外に敷かれている（『春記』）。いずれにせよ、舞師は、御前試に参加している。

儀式の時間は、ほぼ、亥刻から子刻頃まで行われるのが通例だったようである。

御前試はリハーサルなので、中止になることも多かった。天暦三年（九四九）十一月十四日甲寅は、村上天皇の母太皇太后穏子の御悩により、御前試が中止され、以後の新嘗祭・豊明節会への出御が停止されている（『日本紀略』）。この先例を受け、万寿四年（一〇二七）十一月十八日甲寅、道長の病により御前試は中止された（『日本紀略』）。二十四日に、頼通が御前試停止の是非を実資に問い合わせると、実資は天暦三年の先例により停止することに同意している（『小右記』）。

一方、長暦三年（一〇三九）十一月十五日壬寅では、中宮嫄子が八月二十八日に亡くなり、心喪中だった後朱雀天皇は御前試を中止したいと関白頼通に問い合わせると、御前試もやんごとなき神事なので行うようにとの回答があって、亥刻から行っている（『春記』）。嘉保元年（一〇九四）十一月十六日甲寅、「御前試有り。件の試、前例は后宮不例の時止めらるなり。しかるに主上御薬の間、すでにこの事あり。頗る心得ず」（『中右記』）と宗忠は訝《いぶか》しく思っている。この日、殿上淵酔があったが御遊には及ばず、中宮篤子内親王御方にみなが行ったが盃酌もなかったのは、堀河天皇が疱瘡にかかっており薬を服用中だったからである。それなのに御前試を行うのはおかしい、と思ったようである。前日の帳台試、後の新嘗祭・豊明節会、ともに天皇の出御はなかった。以後、殿上淵酔の御遊や乱舞は中止になることがあっても、御前試が中止になる例はないようである。

天皇の御物忌でも、前日から大歌人等が準備をして、御前試は行われる場合もあった。応和二年（九六二）十一月十二日丙寅、「御物忌の時、大歌は籠候す」（『江家次第』十一月、新嘗祭）、と大歌人は前日から籠もっている。もっとも、天喜五年（一〇五七）十一月十八日庚寅、「御前試、例の如し。御物忌により殿上人、籠候す」（『定家朝臣記』）、と殿上人が前夜から籠もっているが、これは、殿上淵酔のためであり、盃酒がおわったら、中宮御方や皇后宮御方を廻っている。

2．相伴者と儀式の変容

御前試では御簾のなかに皇后の座が設けられていた。実際にも皇后は御簾のなかで見物している。

御前の試の夜などは、上（一条天皇）若うおはしませど、后の宮（詮子）おはしませば、その二間の御簾の内のけはひ、人のしげさなど、少々の舞姫など、少しものの心知りたらんは、やがて倒れぬべう恥しうて、面赤むらむかしと見えたり。なお宮（遵子《じゅんし》）の御五節はいと心ことなり。

（『栄花物語』巻第三さまざまのよろこび）

永延二年（九八八）十一月である。皇太后遵子・参議藤原安親《やすちか》・新任参議藤原誠信・非参議源泰清の四人が献上者だった。御簾のなかでは、一条天皇九歳、母皇太后詮子とお付きの女房たちが見ている。舞姫は卒倒しそうなほど、緊張を強いられる。

寛弘五年（一〇〇八）十一月二十一日戊寅は、『紫式部日記』に詳しい。

その夜は、御前の試とか。上にわたらせ給ひて御覧ず。若宮おはしませば、うちまきし、ののしる。常にことなる心ちす。（中略）責めたてさせ給ひて、心にもあらずまうのぼりたり。舞姫どもの、「いかに苦しからむ」と見ゆるに、尾張守のぞ、心地あしがりていぬる。

中宮彰子は清涼殿に行って見ている。誕生後三ヶ月の敦成親王は、同席したのだろうか。「うちまき」は殿舎に残る親王のためとの説もある。中略は、局でぐずぐずしている紫式部たち女房を道長がせき立てた会話の部分である。女房たちも清涼殿に行って一緒に見ている。なお、尾張守が献上した舞姫は具合が悪くなり退場していた。舞姫の故障は前章で見たところである。

寛治三年（一〇八九）十一月十二日戊寅には、摂政師実が御簾中に（『中右記』）、天永元年（一一一〇）十一月十四日戊寅には、「今日御前試なり。よりて戌刻ばかりに直衣を着し御前にまいる。事了りて退出す」(『殿暦』)と摂政忠実は直衣姿で御前試に同席している。寛治七年(一〇九三)十一月十六日庚寅には、中宮が御覧(『中右記』)とある。

しかし、院政期になり、寅日の殿上・中宮等の淵酔が大勢の殿上人を集め、盃酒も五巡ほどになり、朗詠や散楽、乱舞で無礼講のどんちゃん騒ぎが行われるようになると、御前試はさほど注目されず、御覧の中宮たちもリハーサルを見るより、自身の殿舎で行われる殿上人の芸能の方を好むようになり、参入しなくなる。殿上人の記録類でも、各所の淵酔と雑芸を詳細に記す一方、「例により御前試あること常の如し」(『中右記』承徳二年十一月二十二日丙寅)とそっけなく記すことが多くなる。保安元年(一一二〇)十一月十七日壬寅、前述のように天皇の御物忌に籠もらなかった頭中将宗輔は、五節所や中宮・皇后の淵酔には参加していた。「御前試、五位蔵人実光、舞姫に付す。両貫首(伊通・宗輔)不参の故なり」(『中右記』)、と二人の蔵人頭が御前試をサボタージュする事例があらわれ、以後多くなる。

さらに、本来は所々の淵酔をおえた後、亥刻頃から御前試が行われるが、御前試の最中に、雲客が乱舞をするようになる。応保元年(一一六一)十一月二十二日庚寅、亥刻に舞姫が昇り、御前試がおわって装束を撤収する。「仰せにより、殿上人を孫庇《まごびさし》に召し、朗詠・今様・乱舞、次いで献櫛、予(蔵人頭忠親)献ぜず。事了り、丑刻退出。頭弁この座に候ぜず。近日天気不快と云々」(『山槐記』)、十九歳の二条天皇は、御前試の後、殿上人を孫庇に招き、芸能をさせ、見物している。管見では、御前試後に天皇の前で芸能を行った初見史料である。

御前試後、中宮等の殿舎で興遊するのは、大治五年（一一三〇）十一月十五日甲寅の例（『中右記』）などがある。仁安二年（一一六七）十一月十四日戊寅、殿上淵酔、五節所、中宮淵酔等を廻った後、雲客は装束を改め、御前試の最中に、「雲客乱舞」とここでも乱舞をしている。この年六条天皇は四歳、摂政基房二十四歳、前日（十三日丁丑）の帳台試では、摂政が舞師の局に入り、権大納言藤原公保三十六歳と権中納言藤原実国二十八歳が簾中に入っているから、この日も同じだったのだろうか。「主上出御の時、大臣の外は簾中に召さず。納言以下は戸外に候ぜらるるなり」（以上『兵範記』）とある。もっとも左大臣藤原経宗四十九歳と内大臣藤原忠雅四十四歳は、院の仰せがあり、内々承諾していたのに、不参だった。

治承四年（一一八〇）十一月十八日丙寅、福原でも殿上淵酔が、朗詠・今様・万歳楽・乱舞など肩脱ぎをして賑やかに行われ、五節所を廻り、夜に御前試が行われた。恒例の大歌人の名謁《なえつ》の後、「次いで乱舞、舞姫退下の後、更に御前召し有り。朗詠、今様、乱舞、置櫛、各々分散。時に暁更におよぶ」（『吉記』）、と乱舞があり、舞姫が退下すると、殿上淵酔の芸能を天皇の前で行うのである。もちろん、三歳の安徳天皇が召したのではなかろう。前日の帳台試で舞師局の御簾に入った摂政基通二十一歳、検非違使別当平時忠五十一歳が、同席していたのかもしれない。いずれにしても御前試は早々に形式的におえ、殿上人たちの芸能を楽しんだのである。

御前試は、追加された一連の五節行事のなかでは、一番早くから行われていた儀式で、神事だと認識されていた。ところが、この御前試が逆に一番形式的になり、むしろ娯楽でしかない殿上人や中宮等々の淵酔と、卯日の童女御覧の方が盛んになっていく。五節が神事から娯楽へと変容していく姿が、ここでも明確になる。

第五節　童女御覧

1．成立

長保元年（九九九）十一月二十四日癸卯、『権記』の記事である。

今日、童女を召し、御覧ず。村上の御時以往、此の事無し。円融院の御時、初めて此の事有り。其の後、自ら例と為すなり。

蔵人頭藤原行成二十八歳は、童女御覧は村上天皇以往（以前の意）はこのことがなかったが、円融天皇（在位九六九〜九八四）の時にはじめて行われ、恒例となった、とする。

一方、応保元年（一一六一）十一月十八日丙戌、蔵人頭だった藤原忠親は二条天皇から、

「童御覧の日、美福門院周忌正日に相当たる。御覧の有無は如何の由、前関白に触るるべし」（『山槐記』）と命じられる。以後、忠親は前関白忠通の仰せもあり、先例を勘申《かんしん》させ、さらに十九日には多くの公卿邸を廻り、意見を聞いて詳細に記録している。太政大臣藤原伊通《これみち》六十九歳、入道右大臣源雅定《まささだ》六十八歳、大納言藤原忠雅三十八歳、前関白忠通六十五歳の四人は行うべき、入道大相国藤原宗輔《むねすけ》八十五歳、内大臣藤原宗能七十八歳の二人は中止すべきとの意見であった。とくに内大臣宗能は、次のように述べている。

先々、事において軽き儀の事は知り給わず。このたびにおいては、もっとも停止さるるべき事なり。御覧は、天暦御宇より始めらるる事なり。五節所に在るの童を召し御覧ず。仰せて云く、由なき方をしつる。この事、後代その例となりなむずと候けり。しからば是臨時の興遊なり。止めらるるは何事あるや。（『山槐記』）

『百練抄』十二月二十六日にも同様な記事が残っている。「天暦（九四七〜九五六）御宇」とは村上天皇（在位九四六〜九六七）であり、宗能は、村上天皇からはじまったと認識している。行成は、「村上天皇以前はこの事がなかったが、円融天皇の時、はじめてこのことがあった」とするが、十二世紀中頃には、村上天皇からはじまったと認識されていたのである。

童女御覧が実際に行われた管見の限りでの初見史料は、天元五年（九八二）の、「同（十一月）十五日、童御覧の事」（『小記目録』）であり、円融天皇（在位九六九〜九八四）の在位中である。また、長暦三年（一〇三九）十一月十六日癸卯、蔵人頭藤原資房は次のように記している。

又童女を御覧ずるの事無し。御心喪の月に依りてなり。又これ臨時の事なり。先代この事無し。円融院の御末の時の例と云々。（『春記』）

この年八月十九日、関白藤原頼通養女中宮嫄子は後朱雀天皇の禖子《ばいし》内親王を出産し、二十八日に亡くなった（『扶桑略記』『百練抄』）。ゆえの御心喪である。「先代この事無し」とは、万寿二年（一〇二五）十一月十三日辛卯の童女御覧停止のことをさす（『小右記』『左経記』）。八月三日に道長女尚侍嬉子《きし》が東宮敦良親王の皇子（後冷泉天皇）を出産し、二十九日に亡くなったゆえの停止である。なお、長久元年（一〇四〇）十一月十六日丁卯にも、中宮嫄子のことにより中止されている（『春記』）。資房は、「円融院の御末の時の例」としているが、史料上では不明であるものの、円融天皇の時には恒例となりつつあったので、心喪による停止があったのだと推測される。以後も、心喪による童女御覧等の中止は多い。

一条天皇の時代には童女御覧の記事は多くなるので、村上天皇の頃は行われたとしても定例化しておらず、円融天皇の頃から定例化し、以後継続されたのだと推考しておく。円融天皇は御遊を好み、男児の童舞も愛好していた（目崎徳衛・一九七二）。

では、なぜ童女御覧がはじまったのか。先ほどの藤原資房や宗能の言説のなかに「臨時の事」「臨時の興遊」とあった。あくまでも、臨時の御遊であり、ゆえに心喪等で容易に停止されたのである。他の要因での停止記事も多い。いくつか例示してみよう。寛治三年（一〇八九）十一月十三日己卯、「童御覧ならびに中院行幸無し」、十四日庚辰、「節会例の如し、但し御出無し。御物忌によるなり」（『中右記』）とあり、天皇の御物忌による中止も多い。もっとも、長元五年（一〇三二）十一月二十三日辛卯には、「去る二十日より今日まで内御物忌なり、よりて今日中院行幸なし」と四日間の固《かた》き物忌なので、頼宗・能信・頼宗・師房などの後一条天皇の親族が、「御物忌に籠候し殿上に着し」飲む。固き物忌なので、夜の新嘗祭には御出しないのである。ところが童女御覧はあるので、参籠していた親族はじめ大勢の殿上人が宰相中将兼頼（実資の婿）の五節所に出向いたうえに、侍従藤原信家の失態の結果、頭中将源隆国以下の雲上人が、童女・下仕が五節所から清涼殿へ昇るのに付き従ったので、「童女・下仕等に追従、還って面目有るに似たり」と実資を感激させている（『小右記』）。天皇が御物忌で、新嘗祭の行われる中和院に行幸しないのに童女御覧がある例は、永保元年（一〇八一）十一月二十一日癸卯（『師記』）等多い。もっとも、童女御覧も中院行幸も中止した例も多い。

さらに、寛治七年（一〇九三）十一月十七日辛卯は、興福寺大衆と金峯山僧徒合戦による中止である。翌十八日壬辰には、「昨、童御覧無し。今夕御出あるべきや否やの由、蔵人通《みち》輔《すけ》を以て院に申さる。御返報に云わく、『童御覧にいたりては、遊興なり、よりて之を止む。御出に至りては、何事あるや』てえり」（以上『中右記』）と、辰日の豊明節会には御出するように、白河院から命じられている。童御覧はあくまで遊興であり、様々な要因で中止されることが多かった。

円融天皇の時、恒例化したと推察される御遊としての童女御覧は、一条天皇の時、ほぼ定着し、恒例行事となる。しかも、童装束は華美になっていく。三条天皇の長和二年（一〇一三）十一月十五日癸卯、道長は童女の華美な装束を慨嘆する。

五節の童女・下仕を御覧ず。右大臣（顕光）の童女等、病の由を称し参らず、自余は参上す。左衛門督（教通）の童女・下仕の装束、甚だ見苦しき過差たり。この童の装束は権大納言（頼通）の送るところ、下仕の装束は皇太后宮（彰子）給う、と云々。すべて云うべきにあらず。すなわち退出す。（『御堂関白記』）

三条天皇は過差を禁制していた。しかし、道長は、教通の童と下仕の衣装は、頼通と彰子から給わったものであり、「云うべきにあらず」と慨嘆するのみで叱責等はしていない。翌年も同様である。長和三年（一〇一四）十一月二十一日癸卯、実資の批判である。

童女を御覧ず。新中納言（頼宗）の童は無文織物袙を着し、下仕は無文織物唐衣を着す。兼ねて過差を禁ずべきの仰せ有り。しかるに童女・下仕織物を着す。更に勘当無し。相府（道長）禁断あるべからざるの由を申さる。また、六位紅色を着す。これ、着すべからずの仰せ有り。しかるに憚らず着用す。強いて叡慮にそむく。王化の薄きか。甚だもって歎息す。弛張はただ執権の臣の心に縣かる。（『小右記』）

頼宗も童女や下仕の衣装を禁制に従わず甚だ過差だった。三条天皇は過差禁制を出しても道長が積極的に過差を奨励さえしている（遠藤基郎・一九九八）。

一条天皇時代に童女御覧が定着すると同時に、童女と下仕の衣装は華美になる一方であり、道長一家がそれを推進したのである。長元五年（一〇三二）十一月の五節は実資の婿兼頼が献上するが、実資の経営だった（服藤早苗・二〇〇五）。二十三日辛卯、「童女装束は女院（彰子）調え給う。下仕装束は東宮（敦良親王）、件の装束等はなはだ鮮明無比なり。御使等の禄は、綾の掛・袴等なり」（『小右記』）、と上東門院彰子と東宮敦良親王から贈られた華美な装束について、実資はもはや批判の言説は記さない。彰子は、親族のみならず多くの関係者に五節舞姫や童女・下仕の装束や禄等を賜与するなどの配慮をする賢后だった（服藤早苗・二〇〇三b、第二章第三節1）。

童女装束は、以後、舞姫装束とともに、中宮等からの賜与が一種の名誉や権威として希求されるようになる。「女房・童・下仕の装束、人々当りて、心を尽すともおろかなり。中宮（章子内親王）より童女の装束奉らせ給へり。紅の打ちたるに、菊の二重文の、その折枝織りたる袙、蘇芳《すおう》の汗衫、竜胆《りんどう》の上の袴、皆二重文なり。打ちたる袴など、例の事なり。瑠璃《るり》を文《もん》におしなど、いみじう尽くされたり」（『栄花物語』巻第三十六　根あはせ）、これは天喜五年（一〇五七）十一月の五節であり、頼通の息、権中納言左中将藤原師実十六歳が献上者だった。実際にも、「十九日降雨、（中略）童女の装束、中宮より献ぜらる〈汗衫・菊織物、金銀花点着、扇を加え献ぜらる〉。下仕装束〈二人右府（教通）、二人内府（頼宗）、各錦繍金銀を用ゆ〉」（『定家朝臣記』）とあり、童女と下仕の装束が従姉妹の中宮や叔父たちから贈られており、金銀で刺繍し宝石を縫いつけた、何とも豪華絢爛な衣装である。実際には、中宮章子内親王の後見者上東門院彰子から、師実後見者頼通への賜与であり、上東門院の吉例と認識される。

永久三年（一一一五）十一月十二日己丑、息忠通舞姫献上に際し、太皇太后（大宮）寛子から童装束二具、皇后令子内親王から傅女房八人の裳・唐衣、先斎院禖子内親王から舞姫装束を賜った忠実は、「大宮より余（忠実）に給う。よりて余、衣を給うなり〈天喜五年度、上東門院より宇治（頼通）に献ず。件の例に依り給わるところなり〉」（『殿暦』）、と記す。永久三年の例は、後世まで何度も参考にされていることを勘案すると、上東門院彰子の摂関家における重要さはもっと評価されてよい（高松百香・二〇〇五）。

童女御覧は、娯楽の遊興でありながら、重要な行事となる。承徳二年（一〇九八）十一月二十三日丁卯、権大納言忠実二十一歳は、「童御覧ならびに神祇官行幸の事により予、還京す。寅剋ばかりなり。未剋ばかり内裏に参る」（『殿暦』）と童女御覧のために宇治より帰り参内している。見物人の数も多くなることは次項で見るが、五節舞姫の帳台試や御前試には参加しないのに童女御覧は見物するのである。

2．儀式次第

娯楽としてはじまった童女御覧は、平安時代の『雲図抄《うんずしょう》』（十一月・卯日童御覧事）以外の儀式書には出てこない。もちろん、十二世紀初頭の『江家次第』にも記載はない。後醍醐天皇撰の『建武年中行事』には、次のように記される。

卯の日、童御覧、清涼殿にめして御覧ず。下仕、庭上にめす〈わらは御らんのおり、いづれの御時にか、みすの下よりかみをひき入れて御覧ぜられけるとかや〉。

（和田英松『新訂　建武年中行事註解』講談社学術文庫）

卯日に清涼殿に童を召して御覧になり、下仕は庭上に召すとある。天皇が御簾の下から童女の髪を引き入れて見ることは、十三世紀以降のことと思われる。童女御覧の本質を如実にあらわしていると思われるが、ここでは問わない。童女御覧は遊興の行事であり、儀式書に記載される性格の儀式ではなかったことがうかがえる。しかし、平安時代には、ある程度の行事次第が定着していたので、記録類から検討することにしたい。

久安三年（一一四七）十一月十九日己卯の童女御覧が、簡略な装束次第として『本朝世紀』に記載されている。この年は権中納言藤原成通五十一歳、権中納言藤原公能三十四歳、長門守藤原師行《もろゆき》、能登守藤原通重《みちしげ》の四人が舞姫を献上した（『本朝世紀』十一月十七日丁丑）。朝、清涼殿で蔵人頭や側近が集まり、殿上淵酔がある。おわると、童御覧のための設営をする。
①まず昼御座《ひのおまし》に御簾を下ろす。
②二間を皇太后宮（聖子）御所となし、石灰壇《いしばいだん》二間を皇后宮（得子）御所となす。
③第三間を近衛天皇の御所となす。
④蔵人が孫庇第一間第二間に円座を敷く。一枚は西に殿下忠通御料、五六枚は近くに寄せ公卿見参（内大臣頼長・権大納言右大将実能・権大納言伊通・侍従中納言成通・権中納言重通・権中納言公能・権中納言季成・堀河宰相中将経定）の料となす。
⑤童・下仕の仮橋を仁寿殿の露台より昆明池《こんめいち》障子《しょうじ》の傍に至り簀子《すのこ》を渡す。
準備ができるとそれぞれが着す。
⑥成通の童女二人が、皇太后宮権亮為通《ためみち》朝臣に付され仮橋を渡り弘庇《ひろびさし》に候ず。下仕二人には、蔵人俊憲《としのり》と蔵人経光《つねみつ》の二人が付き、庭に下り階前に候ず。
⑦次に公能の童女二人には侍従公保《きみやす》と少将公親《きみちか》朝臣が付されたが公親は遅参、下仕二人には

蔵人時忠と俊憲が付され候ず。
⑧次に能登守通重の童・下仕各二人が殿上人と蔵人に付され所定の位置に着く。
⑨公卿が殿上の上戸より入り、脂燭を取り童の傍らに候ず。
⑩蔵人が脂燭を取って下仕の傍らに候ず。
⑪頭中将が扇を取るように指示すると、扇を取って傍らに置く〈故実は、下仕の前に出て、傍で取る〉。
⑫しばらく御覧の後、本の如く扇を持たせる。
⑬まず童六人が退出、次に下仕六人が退出する。
⑭ことがおわって、殿上人たちは前斎院に参り淵酔に参加する。

以上が、童女御覧次第である。童女と下仕は、歌も舞もすることなく、ただただ天皇や皇太后・皇后・公卿たちの前で、扇を取るように命じられ、脂燭で顔を照らされて、見られるだけなのである。まさに「御覧」なのである。これらの式次第も十一世紀から十二世紀にかけていくらか変遷する。

まず、③の天皇と一緒に列席する②皇太后や皇后と④殿上人であるが、長和三年（一〇一四）十一月二十一日癸卯では、左大臣道長・権大納言頼通・権中納言教通・同頼宗・非参議能信・参議公信が殿上に侍し相伴している。この年は、権中納言頼宗・同懐平・参議公信・

前甲斐守藤原能通が舞姫を献上したが（十一月十九日辛丑）、頼宗と公信以外、献上者といえども相伴はできていない（『小右記』）。寛治元年（一〇八七）十一月十九日丁卯「摂政殿は簾中に候じ給い、右大臣（源顕房）以下親昵の上達部五、六人ばかり簾前に候ぜらる」と天皇の親昵＝昵懇の側近たち五、六人が相伴している（『中右記』）。

また、院政期になると、童女御覧の参列者は事前に決定され、通知されるようになる。応保元年（一一六一）十一月十六日甲申、蔵人頭藤原忠親三十一歳は、参内し二条天皇に童御覧の日に参るべき公卿等のことを重ねて申しあげたところ、「前々の人数は何人ばかり参る事やの由、前関白に申すべし」との仰せだったので、前関白忠通六十五歳の邸に行く。忠通から、「三、四人参候か。多い時も四、五人過ぎず」との返答を得て、天皇に伝える。十八日からは前述のように童女御覧の日は美福門院の周忌正日に当たるが挙行するかどうか諮問等があり、結局行うことになった。童女御覧の相伴者として天皇の招きを受けた公卿名は不明であるが、二十三日辛卯に参加したのは、五人である。関白基実十九歳と忠通の「若君阿や」は天皇と一緒に御簾中に、権大納言右大将兼実十八歳、中納言藤原実長三十二歳は孫庇に、さらに右大臣基房十八歳が遅れて孫庇に座し参加している。また「別当（清盛）今日は参られず。左衛門督公光は所労により不参」とあるので、権中納言検非違使別当の平清盛四十四歳と権中納言左衛門督の藤原公光三十二歳は召されたものの欠席だったようである。童を献上した権中納言源定房三十二歳は召されていない（『山槐記』）。院や天皇の側近を選別して招くのであろう。

久安元年（一一四五）十一月二十日辛卯、「暗に及び、殿上の事終わる。戌刻（午後八時頃）童女参上す。未曾有《みぞう》と云々。この間、菖蒲《しょうぶ》、右青瑣門《みぎのせいさもん》の東頭《ひがしのほとり》に候じ之を見る。殿（忠実）の教命なり」（『台記』）と、こんな遅いのは未曾有のこととあるが、菖蒲とは菖蒲麻呂の幼名を持つ頼長男兼長八歳で、この年正月四日童殿上が許されている（服藤早苗・二〇〇四b）。なお、長治元年（一一〇四）十一月二十一日辛卯にも、「秉燭《へいしょく》に及び童女参入。よりて脂燭を指して之を御覧ず。事おわりて威徳《いとく》退出す」（『殿暦』）とあり、威徳（忠通）八歳も父忠実二十七歳と見物している。童殿上が許され、御覧に同席することは、特権階級の権威を童の時から誇示できるといえよう。

なお、童御覧の相伴に召された人の装束が、嘉禎《かてい》年間（一二三五〜一二三八）に成立した源通方編『飾抄《かざりしょう》』上に詳細である。長寛元年（一一六三）十一月十六日癸卯、「或る秘記に曰く、（中略）童御覧に参るべき人、その召しに応ぜざるときは、束帯半臂《はんぴ》を着し参上す。しかるべからざる人は、束帯を着すは頗る便なきこととなすなり。故中院右府（雅定）示さる所なり」とある。これは、父通親《みちちか》の『殿記』からの引用と思われるが、曾祖父源雅定（一〇九四〜一一六二）の頃から童御覧の参入の相伴許可者も直衣だったことが確認される。

②中宮のために御簾をかけ座を設けることも早くからはじまっている。寛治五年（一〇九一）十一月十九日癸卯には、「女御ならびに北政所御殿中に御坐す」と、女御篤子内親王と北政所関白藤原師実妻源麗子が御簾のなかで覧《み》ている。天仁元年（一一〇八）十一月二十一日丁卯には「摂政は簾中に候ぜしめ給い、皇后宮は二間の方に御す」と鳥羽天皇の准母皇后令子内親王の参入が記される（以上『中右記』）。

紫式部は童女御覧を大変詳しく描写していた。また、堀河天皇の典侍で共寝もしていた讃《さぬ》岐《き》は、鳥羽天皇からも出仕の要請があり、天仁元年の五節を記している。「女房たち、われもわれもと、御覧の日の童とて、ゆかしきこと」（『讃岐典侍日記』下巻）と、女房たちが童御覧見物を楽しみにしていることが知られる。座は設けられていないので、童女たちが仮橋を歩いて清涼殿に昇る場面のみならず、後述するように扇を置き顔をさらすのを見ているので、のぞき見をするのであろう。

⑤の童女・下仕が通ってきた仮橋は、すでに記したように、丑日夜常寧殿で行われる帳台試を舞師の御簾内で見るために天皇が渡御する道でもあり、また、翌日御前試のために五節舞姫たちが清涼殿に昇るための道でもある。永暦元年（一一六〇）十一月十七日辛卯、蔵人頭忠親は、「童御覧の儀、具《つぶさ》に指図を見る。后町の廊に莚道を鋪さしむ。御前の長橋は之を敷かず。雪湿により莚を敷かしむと雖も、そのとき降らず、よりて撤かしめおわんぬ」（『山

槐記』）とあり、五節所が設営された常寧殿から清涼殿まで道が造られ、ぬかるんでいたら莚《むしろ》などを敷いたようである。これも、蔵人頭や行事蔵人の差配であった。

さて、いよいよ童女・下仕が清涼殿に昇る場面である。⑥⑦⑧では、それぞれの童・下仕に殿上人が介添えしている。⑥成通の童女二人には皇太后宮権亮為通朝臣、下仕二人には、蔵人俊憲と蔵人経光、⑦次に公能の童女二人には侍従公保と少将公親、下仕二人には蔵人時忠と俊憲、⑧能登守通重の童・下仕二人には殿上人と蔵人、がそれぞれ付き添っている。

童女・下仕に付き添う殿上人の図は、『承安五節絵』にある。第二絵には、丑日の夜、朔平門から玄輝門の間を五節舞姫の行列が参入する場面で、童女二人の手を引く実教《さねのり》二十三歳と平惟盛《これもり》十三歳が描かれている。これは前章でふれたように承安元年（一一七一）十一月十九日己丑、中納言宗家三十三歳が献上した五節参入儀を描写したものであり、童御覧のためのものではないが、参考にはなろう。二十一日辛卯が童女御覧で、兼実も「先日催により、申刻ばかり直衣を着し殿上方に参っ」ている。ただし、新宰相頼定《よりさだ》と相模守有隆《ありたか》の童女のみであり、宗家の童女下仕は参入していない。「頼定卿の童、中将頼実《よりざね》一人之に付し、相模の童、少将泰通・清通之に付す、院宣と云々」（以上『玉葉』）とあり、後白河院の命により童女の付き添いが決定されていることが重要である。

舞姫参入や童女御覧参入の際に、若い殿上人たちが付き添うのは、長元元年十一月の兼頼献上の童女、下仕に見られるが、個人名があげられきわめて重要になってくるのは、院政期からのようである。管見での初見史料は、寛治二年（一〇八八）十一月十九日辛卯である。

酉刻ばかり童参る。上達部左大弁匡房、越前・備後之を進る。中納言一人の童不参。御覧常のごとし。左大弁の童の副人に殿上人師頼・俊忠〈少将〉、越前に宗忠・蔵人少将能俊、備後に公衡〈少納言〉・家資〈少将〉。夕方罷り出で了りぬ。　（『後二条師通記』）

寛治二年は、権中納言藤原宗俊、新参議左大弁大江匡房、越前守源清実、備後守藤原家明の四人が舞姫を献上したが、宗俊は童御覧に童を出していない。匡房の童には、左大臣源俊房男師頼《もろより》従四位上二十一歳と大納言藤原忠家男俊忠《としただ》従五位上左少将十六歳、清実の童には、中納言宗俊男宗忠正五位下二十七歳と権中納言源俊明男能俊《よしとし》正五位下蔵人右少将十九歳、家明の童には、公衡《きんひら》少納言と藤原家輔《いえすけ》（資）従五位下左少将、が副人（付き添い）となっている。近衛少将層の殿上人が選ばれている。十一月十五日丁亥には、内大臣左大将師通二十七歳のもとに、「民部卿（経信）」が、「備後五節童御覧の日の殿上人を尋ね申」したので、師通は「之を申せしむ」とある。備後守家明が進上する童の副人としての殿上人を内大臣が命じているのである（以上『後二条師通記』）。

寛治五年（一〇九一）十一月十九日癸卯、二位宰相藤原経実の童には、「新中将宗通一人これに付す。院宣と云々」（『為房卿記』）とあり、白河院が童女の付き添いを命じている。宗忠は右中弁源師頼と一緒に美作守藤原行家の童女に付き添ったが、「予、三位中将殿の仰せにより之に付く所なり」（『中右記』）と記している。侍従だった宗忠は三位左中将藤原保実の命により副人をつとめたのである。保実は白河院国母茂子《もし》の甥であり、後に妹が鳥羽天皇を産む院近臣一家ゆえに、当然ながら依頼されると承諾するのであろう。翌寛治六年十一月二十四日癸卯には、中納言忠実十五歳が献上した童女に左中将国信《くにのぶ》二十四歳と四位侍従宗忠三十一歳、もう一人の童女には右少将顕雅《あきまさ》十九歳と新右少将宗輔《むねすけ》十六歳、下仕四人には、五位蔵人通輔《みちすけ》・兵衛佐長実《ながざね》・左少将有賢《ありかた》・左兵衛佐家貞《いえさだ》が副人をつとめている（『中右記』）。宗忠は二年連続で童女の副人をつとめたのである。

　院政期以降、童女御覧の際の童女と下仕の副人の記載は大変多くなる。また、院や摂関の命による副人奉仕の記事も大変多い。久安二年（一一四六）十一月十三日己卯、藤原頼長は童女を進上した。

> 余の童女・下仕を扶持の殿上人〈一院より之を待催す。仰せにより余ひそかに択申しその人に英雄を用ゆ〉、前童〈頭左中将経宗朝臣〔夜前より疾と称し不参〕、左中将為通《ためみち》朝臣〉、後童〈左少将実長、侍従公保〉、下仕四人〈治部大輔雅頼《まさより》、侍従師盛《もろもり》、中務権大輔季家〔犬死穢と称し不参〕、散位憲雅《のりまさ》〉。蔵人頭先例無きと雖も、時に英雄なし。よりて催し仰せらる。左中将公通《きみみち》朝臣、右少将公親《きみちか》朝臣、その仁に当たると雖も、公通は熊野

に詣で、公親は重服なり〈公親は家成の前駆を奉仕す。しかれども宗成女子の夫なり。その恥軽し。雅通《まさみち》は宗成妹の夫なり。その恥重し〉。左中将雅通朝臣、故顕通《あきみち》卿の子なり。故能俊《よしとし》卿の外孫なり、人においては卑しからず。しかのみならず禁色を許さる。しかれども去年家成卿の前駆を奉仕するの後、永く英雄の名を失す。よりて用いず。

（『台記』）

頼長らしい叙述である。院の命ではあるが実際は頼長が選ぶ。正四位下頭中将経宗二十八歳が一院鳥羽院の命によっても病と称してこなかったのは、童女の副人の任務は官位の低い殿上人のつとめる役割だったからではなかろうか。頭中将経宗の反抗のようにも思われる。また、諸大夫層なのに鳥羽上皇の寵愛を得（男色関係）、近衛天皇の国母となった皇后得子（美福門院）の従兄弟で院近臣の家成の前駆をするゆえに英雄の名を失すとの雅通批判は、頼長らしい（橋本義彦・一九六四）。童や下仕に副う殿上人選択も若い「イケメン貴公子」を想像したが、そうではなく政治性がつきまとうようで興味深い。そういえば、仁安三年（一一六八）十一月二十八日、平頼盛・保盛親子が後白河院の逆鱗にふれ現任を解かれたのは、「五節参入、ならびに御覧儀、奉行職の事、数度御教書を遣わすに、一切承引せず、毎度対桿す」とあった（『兵範記』第三章第一節1参照）。尾張守保盛は、二十日丁丑の五節参入儀も、二十二日己卯の童女御覧もきちんと進上しているので、副人に対する院の命に従わなかった可能性が高い。

一方、副人が決まらない場合など、天皇や院による命令を要請する場合も多い。たとえば、応保元年（一一六一）十一月二十三日辛卯、「次に伯耆（平基親《もとちか》）の童女参上す。先日付くべきの人無きの由を申す。よりて今日参入の人を書き立てて奏聞す。仰せていわく、『顕《あき》信《のぶ》〈民部少輔〉、師広《もろひろ》〈前弾正少弼〉付すべし』てえり」（『山槐記』）と伯耆守から依頼を受けた頭中将藤原忠親は、当日参入の殿上人を書いて二条天皇に奏聞して、天皇が決定している。

⑨⑩⑪が童女御覧のメインであるが、項をあらためて検討しよう。

3．実態と抵抗

⑨⑩では童女を公卿が、庭の下仕を蔵人が、脂燭で照らしていた。すなわち、この年は、夕方から夜に童女御覧が行われている。しかし、『紫式部日記』には、「ただかく曇りなき昼中に、扇もはかばかしくも持たせず」とあり、本来は昼間であった。長元四年（一〇三一）十一月十八日辛卯、「未剋（午後二時頃）に及び、所の童・下仕召し有りて参入せしむ」（『左経記』）と実際にも十一世紀は昼間が多かった。ところが、院政期になると次第に夕方から夜になる。寛治二年（一〇八八）十一月十九日辛卯、「酉刻（午後六時頃）ばかり童参る」（『後

二条師通記』）と夜である。天喜五年（一〇五七）十一月十九日辛卯には、「この間、日脚《ひあし》すでに傾く。童女、仁寿殿（割注略）を経て、長橋より参入す。（中略）この間すでに、昏黒《こんこく》に及び脂燭を召して之を覧じおわんぬ」（『定家朝臣記』）、とあり、「昏黒」すなわち日没になっている。承徳二年（一〇九八）十一月二十三日丁卯、宗忠は次のように記している。

右大将（雅実）の下仕、にわかに所労をもって、よりて中宮の半物に申さるの間、光陰暮れんと欲す。しきりにその催し有り。日入るの後、御覧有り。（『中右記』）

本来は日没前に行う予定だったが、下仕の交替等があり、結局日没後になっている。本来は、申刻（午後四時頃）前後が多かったようである。

しかし、だんだん遅くなる。遅くなるのは、殿上淵酔が長引くからのようで、頼長は憤慨する。前述のように久安元年（一一四五）十一月二十日辛卯、「暗に及び、殿上の事終わり、戌刻（午後八時頃）童女参上す。未曾有と云々」（『台記』）と、こんな遅いのは未曾有とある。また、夜に清涼殿で天皇が童女を御覧になることは、新嘗祭のために中和院に御さず、神官にまかせることである。天皇も神事より娯楽を選択したのである。

さて、⑪⑫こそ童女御覧のメインイベントである。蔵人頭が扇を取ることを命じていたが、承安元年（一一七二）十一月二十一日辛卯の童女御覧では、「摂政の命に依り、扇を置かしむ」（『玉葉』）とあり、摂政、あるいは天皇が命じるようである。

童女の蓁首《しんしゅ》を照らし、聖主《せいしゅ》（高倉天皇）の龍顔《りゅうがん》に候ず。

（『愚味記《ぐまいき》』嘉応元年（一一六九）十一月十五日丁卯）

童女の蓁首、すなわち美しい顔を照らし、それを天皇に見せるのである。庭の下仕もまったく同様である。童女も下仕もまったく声も発せず、舞などの芸能的所作もまったくしない。見られるだけである。「蔵人脂燭を取り左右に候ず。又童女の前に掌燈と雖も、なお北の童見えず。よりて清通《きよみち》脂燭を取り童の傍らに候ず」（『玉葉』承安元年十一月二十一日辛卯）、と童全員の顔がよく見えるように脂燭で照らすのである。

しかも、天皇はじめ、見る特権階級の男たちの動作は容赦ない。

別当〈公教〉童女〈散位実経・公孝、今日昇殿を聴さる。よりて束帯を着し、童女を扶持す。件の人容貌はなはだ醜《みにく》し、衆人頤《おとがい》を解《と》く〉。

（『台記』久安二年十一月十三日己卯）

美しくない童女には、大笑いが起こるのである。見る特権階級の男たちと皇后や北政所、あるいはのぞき見する女房たち、見られる弱者の童女と下仕、非対称なジェンダーの権力構造と身分の複雑な構造がきわめて明瞭に立ちあらわれる（池田忍・一九九八、千野香織・二〇一〇）。

しかし、童女たちも「見られる」ことに唯々《いい》諾々《だくだく》と従ってはいない。文治五年（一一八九）十一月二十三日己卯の記事である。

童女参上す〈長門一所なり。中略〉。童・下仕参入の後、扇を置かんと欲す。しかるに童女等一切承引せず〈前右衛門佐隆雅《たかまさ》これに付す。扇を奪わんと欲すと雖もなお之を置かず。衆人頤を解く〉。遂に扇を置かず、数刻経るにより退下せしめおわんぬ〈大輪に回るは恒の如し。童女すこぶる腹立ちの気あり。これ扇を置かせしめんと欲するの故か。切腹《せっぷく》の事なり〉。（『玉葉』）

この年の童女は一人だけであった。その一人が扇を取るのを拒否し、力ずくで取ろうとする付き添いの殿上人と闘ってもついに扇を取らさず、顔を見せなかったのである。何ともたくましい童である。

まったく逆の動作をする下仕も記録されている。

下仕の中にいと顔すぐれたる、扇とるとて、六位の蔵人どもよるに、心と投げやりたるこそ、やさしきものから、あまり女にあらぬかと見ゆれ。（『紫式部日記』）

美人の下仕が、六位蔵人が扇を取ろうと近づくと、自分の方から投げてよこしたのは、上品ぶっているが、「度が過ぎて女らしくない」と紫式部は批判する。「扇なんか取ってあげるわ。どう？　美形でしょ！」とでも言いたげだったのだろうか。この下仕は当時の貴族女性たちの感覚では、「女らしく」なかったのである。紫式部たち貴族層出身の女房にとっては、扇を取り顔をさらすことさえはしたないのに、その上自分から取って、しかも投げるとは、とここでも身分差を含んだ突き放した感想を記す。

⑫は、再び扇をかざし、顔を隠し帰る場面である。これも、院政期になると、童女と下仕は、豊明節会以後に院の所に連れて行かれ、院の視線にさらされるだけではなく、院近臣貴族たちの性的愛翫物《あいがんぶつ》となる。保延二年（一一三六）十一月十八日壬午、頼長の日記である。

五節童を相具《あいぐ》し、鳥羽に参るの日なり。未刻、布衣を着し、鳥羽に参る。（中略）下仕今一人足らず。中宮より下し給う所の下仕、毎度仰すに不参の故なり。昨日甚雨の後、地湿により、童は寝殿の広庇に在り、下仕は縁に在り。上達部は着座せず、ただ物隙より之を見る。しばらくありて童は退出す。又、車に乗る。この間、新大納言、童の扇を引き去り、童の額に額を双べて之を見る。又、手を以て、懐中に入る。新中納言成通云わく、「頗る軽々の事なり。大納言は婬乱《いんらん》せず。饗応のためなり」。成通又云わく、「饗応のために、婬乱に非ずと称して、鈴々《ママ》とせさせ給うなり」。しばらくありて予退出す。

（『台記』）

この年、頼長十七歳が舞姫献上者だった。頼長の童女を鳥羽院に見せるために鳥羽殿に行っている。昨日の雨で庭がぬかるんでいるので、本来は庭にいる下仕も縁に控えている。新大納言（権大納言）源雅定四十二歳が童の懐中に手を入れるという淫乱の行為を行う。当時では長寿祝いの算賀も過ぎた四十三歳の老貴族が、大勢の貴公子の見守るなか、童女の身体をもてあそぶ。見物する男たちは、批判もしていない。もちろん、童女たちは抵抗できない。その後、皇后藤原泰子のもとに童女・下仕を引き連れて行き、皇后は「車ながら御覧」じている。女性も身分に応じ、「見る」側に廻るのである。

久安二年（一一四六）十一月二十日丙戌、「五節の童女・下仕〈余・別当（公教《きんのり》）・越前（俊《とし》盛《もり》）〉、一院（鳥羽院）に参る。永久の例により仰せあり」（『台記』）。永久の例とは、『類聚雑要抄』に記録された永久三年（一一一五）の兄忠通献上の例であり、第一項のように吉例として参照されることが多い。内裏に参入できない院のために、十二世紀初頭から、豊明節会終了後、院へ廻り、童女・下仕御覧を行っていたことがわかる。

もっとも、清涼殿での御覧がおわると、童女が内裏内にいる中宮等のもとへ行くことは、早くからうかがえる。寛仁二年（一〇一八）十一月二十一日己卯、「童女御前に召す。大宮御方に参らしめたまう。入夜、女方（倫子）と退出す」（『御堂関白記』）、童女は天皇の御覧をおえた直後、太皇太后彰子のもとにも行っている。道長正妻倫子も彰子のもとで一緒に見たのである。寛仁四年十一月二十日丁卯にも、「童・下仕等、御所より大宮ならびに中宮御方等に参る」（『左経記』）とあり、太皇太后彰子と中宮威子の所に参っている。院政期になると、童女・下仕が、内裏外にいる院や皇后のもとに引率され覧られるようになるのである。天皇や院、上層貴族たちは、童女・下仕を見ることで権威を誇示し、童女・下仕たちは、皇后等の女性も含めた権力保持者の好奇な視線にさらされたのである。

童女御覧は、けっして神事等の朝廷維持に必要不可欠な要因ではじまったのではなく、文字どおり男性の天皇やトップ貴族たちが、童女の容貌を見るだけの娯楽からはじまったのであった。童女は男たち観者の視線の客体として着飾り陳列される。品定めし、醜いと嘲笑するのであれば、身分の低い童女でも良いではないか。しかし、男たちは、覧る行為をとおして女の身体を欲望する。現実を幻想するゆえに、自分たちの許容範囲の階層の女が必要だったのではないか。

第六節　豊明節会

1．豊明節会と淵酔

卯日夜に新嘗祭が行われた翌辰日、大嘗祭では午日、皇太子、親王、大臣以下五位以上六位以下の全官人が集まり豊明節会が行われる規定だった。本来は豊楽院に入り、全員が庭上に並ぶと、盃が配られ、再拝の後、酒を飲む。さらに所定の位置に座ると、天皇に御膳が献じられ、列席者にも群臣饌が配られ、会食になる。この間、吉野国栖《くす》とよばれる異民族視された人々が贄《にえ》を献じ、歌笛が奏される。服属儀礼の象徴とされている。最後に大歌と五節舞の奏上があり、その後に宣命《せんみょう》、拝舞《はいむ》、賜禄《しろく》があり終了する（榎村寛之・二〇〇三）。『西宮記』では南殿《なでん》、すなわち紫宸殿《ししんでん》になっている。「舞姫出る〈御座西より出で、上髪各相副う。女官燭をとり南柱に添い立つと云々〉、舞了わり〈退入、歌人退去。所司床子を撤す。承和（八三四〜八四八）以往舞台上で舞う〉」と理髪がついてきて、舞い、退去する。承和以後は舞台上で舞ったとあるが、『小野宮年中行事』『九条年中行事』では、「仁和（八八五〜八八九）以降は必ずしも舞台を用いず」とあり、舞台を用意する期間は短かったようである。燭を取る女官は、主殿司《とのもづかさ》の女官である。十世紀には五節舞はすでに夜、秉燭《へいしょく》以降に行うようになっていた。また、舞姫が五節所から紫宸殿にくる際には、参入時と同じく几帳取の殿上人たちが奉仕した（『春記』長暦三年十一月十七日甲辰条等）。舞姫は、青摺《あおずり》と赤紐《あかひも》、日陰蔓《ひかげかずら》をつけた小忌衣《おみごろも》姿である（吉村佳子・一九九八）。

十世紀には、舞姫が紫宸殿で舞う前に、多くの殿上人たちが各五節所にやってきて、酒食をし、後には他の淵酔と同様に芸能を行っている。辰日に五節所で公卿等に酒食が供される管見での初見史料は、承平六年（九三六）十一月十九日甲辰である。

師輔《もろすけ》朝臣、太政大臣（忠平）家に仰せ、五節処に小酒肴を進む。

（『政事要略』所引『吏部王記』）

辰日の豊明節会の際、忠平家が五節所に酒肴を出している。残念ながらこの年の舞姫献上者は不明である。

次いで、永祚元年（九八九）十一月十五日壬辰の史料に見える。紫宸殿に天皇が出御して盃酒・天皇御膳・群臣餞の後、公卿たちは各五節所を廻る。まず、舞姫献上者の太皇太后昌子《しょうし》内親王五節所に行き盃酒一巡、権中納言道長五節所で両三巡、参議実資五節所で一両巡、参議左大弁懐忠五節所に向かう。実資は脱衣して道長の理髪に与える。他の公卿たちも脱衣して理髪に与える。四所を一巡すると公卿たちは紫宸殿に戻り着座する。舞姫たちがやってきて舞う（『小右記』）。

さらに、長保二年（一〇〇〇）十一月十九日壬辰には、公卿・殿上人等が、舞姫献上者だった中宮彰子の五節所に向かい、その後懐平《かねひら》五節所にも立ち寄り、本座に戻り、舞姫が舞い、子二刻《ねにこく》（午後十一時半）におわり、天皇が還御している（『権記』）。この豊明節会の中間で公卿たちが各五節所を廻り酒肴を頂くのは、儀式書では、『西宮記』『政事要略』等には記載はなく『江家次第』ではじめて出てくる。しかし、殿上淵酔や所々の淵酔と同じ頃、十世紀には定着していたようである。

この辰日五節所廻りも娯楽であり中止されることもあった。万寿二年（一〇二五）十一月十四日壬辰、いつものように公卿が座を立ち五節所に向かおうとするが、尚侍《ないしのかみ》藤原嬉子《きし》が八月五日に東宮皇子を出産し亡くなったこともあり、五節所訪問を中止し、五節所酒肴や脱衣して理髪等に与えることも中止されている。「今年は凶事が多く、過差も禁じ、美服者も勘当し、童女御覧も中止した、これもみな道長の意向を忖度《そんたく》したからだ」、と実資は慨嘆している（『小右記』）。

辰日五節所廻りにも散楽や芸能を行うようになる。寛治四年（一〇九〇）十一月二十日庚辰、「内府（師通）の五節所に公卿参らる。盃酌の事あり。民部卿（源経信）拍子を持ち催馬《さいば》楽《ら》〈美乃山《みのやま》〉を歌わる。両三巡の後、公卿、座を立つ。御出以後の事なり」（『中右記』）と催馬楽を歌う。寛治六年（一〇九二）十一月二十五日甲辰には、師通が権中納言忠実の五節所に行き勧盃し、民部卿が拍子を取り安名尊《あなとうと》・席田《むしろだ》・伊勢海《いせのうみ》等を歌う（『後二条師通記』）。嘉保二年（一〇九五）十一月二十四日丙辰、殿上人たちが散楽の遊びに興じている（『中右記』）。永久三年（一一一五）十一月十五日庚辰、忠通の五節所に上達部がやってきて、酒肴、「アナタフト、ムシロタ、ミノヤマ」を源大納言雅俊が歌う。忠実は、「この間簾中にあり。天喜の例なり」（『殿暦』）と、天喜五年（一〇五七）の師実献上の例をあげており、頼通が簾中にいた先例を踏襲している。とすると、辰日の五節所廻りで芸能を行うことは、十一世紀からはじまっていたとしてよいだろう。

さらに、五節舞姫が紫宸殿で舞を舞っている間、雲客が乱舞するようになる。保延二年

（一一三六）十一月十六日庚辰、「舞姫参会して舞う。この間殿上人万歳楽を歌う。その音聞こゆ」（『台記』）と舞姫が紫宸殿で舞っている最中に殿上人が万歳楽を歌っている。仁安三年（一一六八）十一月二十五日壬午、高倉天皇即位の大嘗祭である。

次いで舞姫五人参上。童女前行、雲客扶持、（中略）。姫君昇りおわり、雲客、昇廊において乱舞。大歌舞台の北において歌笛を発す。舞姫、軟障西を経て、南廂より東行、御前の廂において列し舞う。主殿女嬬四人、柱に副い秉燭、各舞姫を照らす。舞了りて退下。（『兵範記』）

舞姫が昇るときに雲客が乱舞している。嘉応元年（一一六九）十一月十六日戊辰には、「舞姫退入。是より先、雲客露台において乱舞。次いで大歌退出」（『兵範記』）とあり、舞姫が退出する前である。

さらに、長承元年（一一三二）十一月二十三日庚辰には、「節会。事おわり雲客、女院御所に参り乱舞有り。勧盃なし」（『兵範記』）と、節会終了後に、女院宿所で乱舞を行う。また、承安二年（一一七二）十一月十五日庚辰、「節会儀了りぬ。御前広庇において殿上人等乱舞会有り。余、この間退出し了りぬ」（『玉葉』）、と兼実は帰っているが、節会終了後に殿上人の乱舞が天皇御前で行われている。新嘗祭で新穀《しんこく》を神に捧げ、新穀で醸《かも》した酒を天皇が臣下に賜る直会としての豊明節会、いわば神事としての側面が、次第に娯楽化していく歴史的変容が見事にうかがわれる。天皇自身が中和院の新嘗祭に御すことが次第に減少することと対応して娯楽化の度合いが増していくのである。

2. 節会終了後

節会がおわると舞姫たちは内裏から退出する。「参入の儀の如し」（『台記』久寿元年十一月十九日戊辰条）と、北門から退出する。保元二年（一一五七）十一月十八日庚辰の舞姫一行の退出が『兵範記』に詳細に書かれている。この日と翌十九日辛巳に、舞師や小師・髪上・闈司・琴師・小歌女官・小舎人三人・今良《ごんろう》三人・舞姫に禄や前物が、内裏・東宮・中宮・女院等の所々に台菓子が分進されている。三井寺《みいでら》等の寺院、南京《なんきょう》の僧綱《そうごう》以下への雑菓子なども分給している。莫大な禄や菓子だったことは前章で指摘したところである。

五節舞姫たちへの衣装や調度品は親族や権勢家、あるいは中宮や皇后等から賜与されたが、五節が無事おわると、舞姫献上者は、家司・従者等を使者に立て、あるいは自身で御礼に赴く。万寿二年（一〇二五）十一月十五日癸巳、舞姫献上者だった実資は、養子の資平を使者にして舞姫装束を贈ってくれた内大臣教通へ、十六日甲午には、自身で太皇太后彰子へとお礼参りをしている（『小右記』）。長元四年（一〇三一）十一月二十日癸巳、経頼は、「所々に参り、夜部、五節所を訪れらるるの恐《かしこまり》を申」（『左経記』）している。久安二年（一一四六）十一月十七日癸未、頼長は新院（崇徳院）に参って童女装束を賜る慶申《よろこびもうし》を行っている（『台記』）。お礼参りは平安貴族層の礼儀であった。

さらに、調度品等を分与する場合もある。長保元年（九九九）十一月二十六日乙巳、舞姫献上者だった実資は、五節の几帳四基、火桶、鋪設等を、皇太后遵子に分け奉っている（『小右記』）。火桶は他にも奉っている。

女御・中宮・女院など、淵酔や御前試・童女御覧見物のために内裏に入っていた女性たちも退出する。さらに献上者は、翌日には童女・下仕を引き連れて院に参る。保延二年（一一三六）十一月十八日壬午、頼長は五節童を具して鳥羽院に参り、院の御覧に付す。この時、新大納言源雅定四十三歳が童女の懐に手を入れまさぐったことはすでに指摘した。その後、童女と下仕を伴い皇后泰子の近衛殿に行き見せている。久安元年（一一四五）十一月二十二日癸巳、頼長は鳥羽殿に行く。「法皇この十許日御悩と云々。しかれども密にせらる。これにより五節淵酔有り」、御悩の鳥羽法皇の前で五節淵酔を行っている。殿上人たちの芸能興行である。翌久安二年の十一月二十日丙戌には、頼長が五節童女と下仕を連れて一院（鳥羽院）に参ったが、「永久の例により仰せ有り」と記している（以上『台記』）。十二世紀から、内裏に参入できない院が天皇と同様に童女・下仕を御覧になったことがわかる。

終章　五節舞姫の歴史的変容と課題

五節舞は、朝廷の儀礼整備が行われた七世紀末期の天武朝に神仙思想を背景として、恭順の意を象徴する舞として創設され、奈良時代には阿倍皇太子が君臣祖子の理を教導する象徴的舞として舞うなど、宮廷内の女舞だった。

九世紀から大嘗祭には五人、新嘗祭には四人の五節舞姫が選ばれ、豊明節会の最後に五節を舞うのが慣例になった。

収穫祭としての新嘗祭は、五世紀頃から広く各層で行われていたが、七世紀の末期頃までには朝廷の王権儀礼として大嘗祭とよばれる重要な祭儀になっていた。後に、天皇が行う一世一代の収穫祭を大嘗祭とよび、毎年の収穫祭を新嘗祭とよびならわすようになる。新嘗祭は、初穂を貢納しそれを食することによる服属儀礼と考えられており、地方首長層出身の采女《うねめ》が酒を献じる儀礼や、地方首長たちの貢納儀礼があり、最後の宴では服属的意義を持つ隼人舞などがあり、天皇のキサキたちや皇子、有力な豪族の男女も参加していた。平安時代には、寅日に天皇の弱体化する魂を鎮める鎮魂祭《ちんこんさい》が行われ、卯日の夜が新嘗祭であり、天皇が中和院の新嘉殿《しんかでん》で天羽衣《あまのはごろも》を着し湯殿に入り、亥の一刻から采女の陪膳により神と天皇が供食する「神饌親供《しんせんしんく》」が行われた。祭儀が終わると天皇は豊楽院《ぶらくいん》の清暑堂《せいしょどう》に行幸し、さらに豊楽院に移御し、皇太子・親王以下全官人を集めて、饗宴が行われた。辰日の豊明節会である（榎村寛之・二〇〇三）。

五節舞姫たちは、子日の夜、常寧殿に設営された五節所に入り、五節舞を教習していたが、十世紀に、各献上者宅や近辺で舞師から教えを受けるようになると、丑日夜に参入し、その夜全員で舞合わせを行う帳台試が行われた。寅日は天皇の前でのリハーサル、御前試があり、辰日の豊明節会の諸舞楽の後、最後に五節舞を披露した。

九世紀には、舞姫から選ばれた女性が、天皇と共寝をし、天皇のキサキの一人になることができたので、貴族層は莫大な費用をかけて娘を五節舞姫として献上した。しかし、摂関等との政治的軋轢のなかで、天皇は共寝女性を選択することが困難になり、九世紀末の醍醐朝から共寝が廃止された。入内の要素もあった五節舞姫の大きな変容である。舞姫献上を貴族たちが忌避するなか、公卿や皇后・女御に他人の娘でも献上させるようになり、天皇の側近の殿上人たちには実女を舞姫として献上させた。共寝の廃止と公卿層や側近殿上人への輪番献上強制が大きな変化の第一である。

五節舞姫の第二の大きな変容は、十世紀後半頃からである。円融朝には卯日に清涼殿で舞姫に従う童女と下仕を、天皇や皇后、特権貴族たちが「御覧」になる童女御覧がはじまる。さらに、花山朝から丑日の帳台試に天皇が密々常寧殿の舞師所に入り、一緒に見る帳台試出御がはじまり、一条朝から定着する。この変容は、一連の新嘗祭・豊明節会という神祭儀に、神事とはまったく関係ない娯楽的要素が取り入れられたことである。

さらに、丑日の帳台試、寅日の清涼殿での御前試、卯日の童女御覧等の前後に、殿上人たちが今様等を歌い乱舞する淵酔が、一条朝頃からはじまる。この淵酔は、院政期にはより主流の重要な娯楽的要素を強め賑々しく行われる。殿上人たちは、肩脱ぎをして下の衣を出し、朝廷内を練り歩き、中宮や皇后殿舎に推参して酒宴や乱舞を長時間行うようになる。まさに、男性貴族が主体的に身体表現の娯楽をより強固に取り入れたことを示そう。

序章で取り上げた紫式部や清少納言が、朝廷で、半ば特権的に、天皇や皇后・中宮と瞥見したのは、まさに娯楽的要素としての五節舞姫やお付きの傅・童女・下仕たちだったのである。神事の厳粛さではなく、貴族殿上人たちのうきうきした歌や舞、肩脱ぎしたしどけない姿を見て、ともに楽しんだのであった。

童女の役割は、舞姫のお付きとしての雑用係であり、「主役」になる童女御覧は、ただ顔を晒し物にするだけだった。下仕はより下位で、庭で立ち、同様に顔を見られ、容貌を品評され、卑猥な眼差しを向けられるだけなのである。十二世紀末から遊女が下仕になるのは、網野善彦・後藤紀彦両氏の主張されるような、芸能のためでも、朝廷が統括している結果だからでもまったくなかったのである。史料に即し、実証的に検討する必要が痛感されよう。五節舞姫や献上者、教習指導者としての舞師、同伴者である傅・童女・下仕等についてはある程度明らかにできたと思われる。より具体的な五節舞姫や同伴者たちの行動や実態などより詳細に解明する必要があるが、今後の課題である。

年中行事としての新嘗祭・豊明節会全体の変化もほとんど検討することができなかった。卯日の夜には、本来天皇は中和院の新嘉殿に行幸し、天皇にとって重要な神事を行うことが決まっていた。しかしながら、十世紀後半には新嘉殿への行幸は少なくなり、院政期にはより減少し、新嘗祭の神事は神祇官等の官人が行うようになる。それに比例するように卯日の娯楽的にはじまった童女御覧が恒例化し、さらに次第に夜に行われるようになる。しかも、後に淵酔と名称が確定する蔵人を中心とした殿上人の酒肴と今様・散楽等の芸能を伴う宴が賑々しく挙行され、神事の新嘗祭は貴族・官人たちにとっても天皇にとってもさほど重要な神事と認識されなくなる。国家にとって重要だったはずの新嘗祭は儀礼も意義も大きく変容しているはずである。しかし、本書では検討することができなかった。また、新嘗祭や五節期間中には内侍等の女房層や、主殿司の女官等、まだまだ多くの女性たちが、様々な役割を持って参加していたがほとんど検討することができなかった。これも今後の課題である。

さらに、五節舞姫の衣装、しかも参入時、帳台試、御前試、豊明節会での五節舞、それぞれの衣装は相違していた。また、五節所の調度具、設備、装束も平安末成立の『満佐須計《まさすけ》装束抄《しょうぞくしょう》』（『群書類従』巻百十二、装束部）には、大変詳しい。残された課題はあまりにも多いが、まずは、平安中期以降、貴族の男女にとってもっとも華やかな五節行事について基礎的な作業は行えたと思う。

あとがき

最初の五節舞姫の論文「五節舞姫の成立と変容」を『歴史学研究』六六七号に掲載していただいたのは一九九五年のことであったが、主として平安初期の九世紀までしか検討していなかった。二十年前のことである。以来、五節舞姫が九世紀末から天皇と共寝をしなくなったこともあり、また、筆者が他の研究をはじめたこともあり、史料は少しずつ集めながらも、ほとんど検討してこなかった。ただ、五節舞姫に付き従う下仕に遊女が任じられることから、網野善彦・後藤紀彦両氏は「遊女朝廷統括説」や「遊女内教坊所属説」を提唱されていた。いつか検討したいと思い、まずは遊女等の芸能女性と共寝を中心に検討し批判を加え、『古代・中世の芸能と買売春』(明石書店、二〇一二)として刊行した。その研究途上で、佐藤泰弘氏のご高論「五節舞姫の参入」(二〇〇八)が出された。五節舞姫献上者や五節舞姫参入、あるいは儀式についての緻密で基礎的な御研究に接し、がぜん執筆意欲が湧いてきて、いくつかの論文を書いてきた。

平安時代の儀礼や家族生活史を研究する筆者にとって、塙選書として刊行されている中村義雄氏の『王朝の風俗と文学』（一九六二）と山中裕氏の『平安朝の年中行事』（一九七二）は、まさに座右の銘であり、ゼミの学生の報告にも必ず参照するように指導してきた。いつか両氏のような著書を書きたいと長年願ってきた。このたび選書の一冊に加えていただき、望外の幸いである。すでに活字になっている五節舞姫関係の拙稿をまとめた論文集にすると一部の研究者にしか手に取っていただくことはできないので、学生も含めた多くの方々に読んでいただけるような書に仕上げたいと思い、既発表論文をもとに、なるべく読みやすくと努力しつつ新しく書き下ろした。相変わらずの筆遣いで、大まかな検証になっているところも多いことは自覚しているが、ぜひ、ご批判をいただければと思う。

史料収集には、主として平安時代を研究されている高松百香氏や古代史の新村明子氏に、校正には村上史郎氏に大変お世話になった。また、塙書房の寺島正行氏には、真っ赤な初校や要領悪く作成した図表も厭わず丁寧な対応をしていただきました。厚く御礼を申しあげます。

二〇一五年一月吉日

服藤早苗

参考文献

阿部秋生　『源氏物語研究序説』東京大学出版会、一九五九年
網野善彦　「中世の旅人たち」（日本民俗文化大系『漂泊と定着』小学館、一九八四年）
網野善彦　『中世の非人と遊女』明石書店、一九九四年
池田忍　『日本絵画の女性像～ジェンダー美術史の視点から』筑摩書房、一九九八年
石黒吉次郎　「乱舞考」（『専修国文』六八、二〇〇一年）
榎村寛之　「新嘗祭・豊明節会」（阿部猛・義江明子・相曽貴志編『平安時代　儀式年中行事事典』東京堂出版、二〇〇三年）
遠藤基郎　「過差の権力論」（服藤早苗編『王朝の権力と表象』森話社、一九九八年）
遠藤基郎　『中世王権と王朝儀礼』東京大学出版会、二〇〇八年
大隅清陽　『律令官制と礼秩序の研究』吉川弘文館、二〇一一年
荻美津夫　「殿上淵酔考」（大隅和雄編『文化史の構想』吉川弘文館、二〇〇三年）
沖本幸子　『今様の時代』東京大学出版会、二〇〇六年
折口信夫　『折口信夫芸能史ノート』中央公論社、一九五七年
加納重文　『平安文学の環境』和泉書院、二〇〇八年
神谷正昌　「紫宸殿と節会」（『古代文化』四三―一二、一九九一年）

川島絹江　『『源氏物語』の源泉と継承』笠間書院、二〇〇九年
川本重雄・小泉和子編　『類聚雑要抄指図巻』中央公論美術出版、一九九八年
北山茂夫　『日本古代政治史の研究』岩波書店、一九五九年
京樂真帆子　「平安京における都市の転成」（『日本史研究』四一五、一九九七年、後『平安京都市社会史の研究』塙書房、二〇〇八年所収）
倉林正次　『饗宴の研究―儀礼編』桜楓社、一九六五年
倉本一宏　『藤原道長の権力と欲望』文藝春秋社（文春新書）、二〇一三年
栗本賀世子　『平安王朝物語と後宮空間』武蔵野書院、二〇一四年
黒澤舞　「伊勢神宮五節舞成立に関する一考察」（『延喜式研究』二六、二〇一〇年）
黒澤舞　「治承四年の新嘗祭と五節舞について」（小原仁編『『玉葉』を読む』勉誠出版、二〇一三年）
小泉武夫　『日本酒ルネッサンス』中央公論社（中公新書）、一九九二年
小嶋菜温子　「宮廷と神仙―仁明朝の常寧殿と五節」（『古代文学講座』三、勉誠社、一九九四年）
後藤紀彦　「遊女と朝廷・貴族」「立君・辻子君」「遊廓の成立」（『週刊朝日百科　日本の歴史中世Ⅰ③　遊女・傀儡・貴族』朝日新聞社、一九八六年）
小林賢章　『アカツキの研究』和泉書院、二〇〇三年
佐藤厚子　「『禁秘抄』の研究」（七）（『椙山女学院大学研究論集』四十五、二〇一四年）
佐藤早紀子　「平安中期の雑袍勅許」（『史林』九四―三、二〇一一年）
佐藤宗諄　「女帝と皇位継承法」（『日本女性史』第一巻、古代、東京大学出版会、一九八二年）
佐藤全敏　『平安時代の天皇と官僚制』東京大学出版会、二〇〇八年
佐藤泰弘　「五節舞姫の参入」（『甲南大學紀要　文学編』一五九、二〇〇八年）

斯波辰夫「倭舞について」(『古代史論集』下、塙書房、一九八九年)
下出積與『道教』評論社、一九七一年
東海林亜矢子「母后の内裏居住と王権」(『お茶の水史学』四八、二〇〇四年)
新川登亀男『日本古代の儀礼と表現』吉川弘文館、一九九九年
新間一美「五節の舞の起源と源氏物語」(『大谷女子大国文』二八、一九九八年)
鈴木敬三「承安五節考」(『國學院大学大学院紀要』六、一九七五年)
鈴木規子「内教坊の成立過程について」(『皇學館史学』二、一九八七年)
髙橋昌明『平清盛　福原の夢』講談社、二〇〇七年
高松百香「院政期摂関家と上東門院故実」(『日本史研究』五一三、二〇〇五年)
瀧川政次郎「内教坊考」(『國學院法學』一―一六、一九六五年)
千野香織『千野香織著作集』ブリュッケ、二〇一〇年
塚原明弘「「少女」巻の五節」(高橋文二・廣川勝美編『源氏物語と古代社会』新典社、一九九七年)
土橋寛「宮廷の歌舞」(『講座日本の古代信仰』巻五、学生社、一九八〇年)
角田文衛『王朝の映像』東京堂出版、一九七〇年
寺内浩『受領制の研究』塙書房、二〇〇四年
所京子『平安朝「所・後院・俗別当」の研究』勉誠出版、二〇〇四年
豊永聡美「中世王権と舞楽」(小林健二編『中世の芸能と文芸』竹林舎、二〇一二年)
鳥居本幸代「平安朝における五節舞姫装束」(『風俗』八十七、一九八六年)
中込律子『平安時代の税財政構造と受領』校倉書房、二〇一三年
永田和也「大歌所について」(『國學院雑誌』九一―一、一九九〇年)

中村義雄「五節の舞姫雑考」（『日本文学研究』十二、一九七三年）
西宮一民「国語学より見たる皇太神宮儀式帳」（『皇學館大學紀要』第九輯、一九七一年）
橋本義則『平安宮成立史の研究』塙書房、一九九五年
橋本義彦『藤原頼長』吉川弘文館、一九六四年
林屋辰三郎『中世芸能史の研究』岩波書店、一九六〇年
服藤早苗「摂関家における「氏」・「家」」（『家成立史の研究』校倉書房、一九九一年）
服藤早苗「五節舞姫の成立と変容」（『歴史学研究』六六七、一九九五年a、後『平安王朝社会のジェンダー』校倉書房、二〇〇五年所収）
服藤早苗『平安朝の女と男』中央公論社（中公新書）、一九九五年b
服藤早苗「平安王朝社会の成女式」（『平安朝の子どもたち～王権と家・童』吉川弘文館、二〇〇四年、初出は二〇〇一年）
服藤早苗「宴と彰子～一種物と地火炉」（大隅和雄編『文化史の構想』吉川弘文館、二〇〇三年a）
服藤早苗「『栄花物語』と上東門院彰子」（『歴史評論』六三七、二〇〇三年b）
服藤早苗『平安朝　女の生き方』小学館、二〇〇四年a
服藤早苗『平安王朝の子どもたち』吉川弘文館、二〇〇四年b
服藤早苗「平安貴族の婚姻と家・生活」（『埼玉学園大学紀要　人間学部篇』五、二〇〇五年）
服藤早苗「暴力的性関係の成立」（服藤早苗・赤阪俊一編『文化としての暴力』森話社、二〇〇六年a）
服藤早苗「網野史学からジェンダー史へ」（『神奈川大学評論』五三、二〇〇六年b）
服藤早苗「平安朝の五節舞姫」（『埼玉学園大学紀要　人間学部篇』一一、二〇一一年a）
服藤早苗「『新猿楽記』と貴族層の宴と雑芸」（『国文学　解釈と鑑賞』七六―八、二〇一一年b）

服藤早苗　『古代・中世の芸能と買売春』明石書店、二〇一二年ａ
服藤早苗　「五節舞師」（『埼玉学園大学紀要　人間学部篇』一二、二〇一二年ｂ）
服藤早苗　「童女御覧の成立と変容」（小嶋菜温子・倉田実・服藤早苗編『王朝びとの生活誌』森話社、二〇一三年ａ）
服藤早苗　「『源氏物語』の五節舞姫と史実」（『アナホリッシュ国文学』四、二〇一三年ｂ）
服藤早苗　「『源氏物語』の五節舞姫」（樋口州男他編『歴史と文学』小径社、二〇一四年ａ）
服藤早苗　「日本古代・中世の買売春の成立・変容と特質」（『歴史学研究』九二五、二〇一四年ｂ）
藤本勝義　「源氏物語と五節舞姫」（森一郎・岩佐美代子・坂本共展編『源氏物語の展望』第四輯、三弥井書店、二〇〇八年）
古瀬奈津子　『日本古代王権と儀式』吉川弘文館、一九九八年
保立道久　『物語の中世』東京大学出版会、一九九八年
槇野廣造編　『平安人名辞典―長保二年』高科書店、一九九三年
槇野廣造編　『平安人名辞典―康平三年』上・下、和泉書院、二〇〇七年
松井健児　「光源氏と五節の舞姫」（上原作和編『人物で読む『源氏物語』第三巻―光源氏Ⅱ』勉誠出版、二〇〇五年）
三上啓子　「五節舞姫献上者たち」（『国語国文』七〇―六、二〇〇一年）
目崎徳衛　「円融上皇と宇多源氏」（『続日本古代史論集』下、吉川弘文館、一九七二年）
元木泰雄　『平清盛と後白河院』角川学芸出版、二〇一二年
森田悌　「宮廷所考」（『群馬大学教育学部紀要』人文・社会科学編、四八、一九九九年）
文珠正子　「歌女とその周辺」（薗田香融編『日本古代社会の史的展開』塙書房、一九九九年）
山中裕　「宮廷と公家社会」（遠藤元男・山中裕編『年中行事の歴史学』弘文堂、一九八一年）
吉村佳子　「五節の舞姫の服飾」（『服飾美学』二十六、一九九七年）

吉村佳子「唐衣・裳形式の成立に関する一考察」（『服飾美学』二十七、一九九八年）
吉村佳子「五節の舞姫像」（『服飾美学』二十九、一九九九年）
渡邊誠「俸料官符考」『史学雑誌』一一四―一、二〇〇五年

使用史料

神道大系　朝儀祭祀編『儀式・内裏式』『西宮記』『江家次第』『北山抄』神道大系編纂会／日本古典文学大系『日本書紀』『栄花物語』『万葉集』岩波書店／新日本古典文学大系『続日本紀』『平安私家集』『土佐日記　蜻蛉日記　紫式部日記　更級日記』『江談抄　中外抄　富家語』『源氏物語』『後拾遺集』岩波書店／日本古典文学全集『大鏡』小学館／新編日本古典文学全集『更級日記　讃岐典侍日記　和泉式部日記　紫式部日記』『枕草子』小学館／訳注日本史料『日本後紀』『延喜式』、集英社／和田英松『新訂　建武年中行事註解』講談社学術文庫／尊経閣善本影印集成『雲図抄』八木書店／筒井英俊校訂『東大寺要録』国書刊行会／日本思想大系『古代政治社會思想』『律令』岩波書店／吉田早苗校訂『大間成文抄』吉川弘文館／黒板伸夫監修・三橋正編『小右記注釈　長元四年』八木書店／高橋秀樹『玉葉精読』和泉書院／甲田利雄『年中行事御障子文注解』続群書類従完成会／高橋秀樹編『新訂吉記』本文編・解説編、和泉書院／新訂増補国史大系『類従国史』『日本文徳天皇実録』『日本三代実録』『本朝世紀』『百錬抄』『扶桑略記』『令集解』『類聚三代格』『政事要略』『尊卑分脈』『公卿補任』吉川弘文館／史料纂集『権記』『吏部王記』『台記』八木書店／大日本古記録『貞信公記抄』『小右記』『御堂関白記』『後二条師通記』『殿暦』『玉葉』『愚昧記』岩波書店／増補史料大成『左経記』『春記』『権記　帥記』『中右記』『水左記　永昌記』『兵範記』『山槐記』『長秋記』『台記』臨川書店／『大日本史料』第二編・第三編所収『為房卿記』『猪熊関白記』／群書類従・続群書類従『皇太神宮儀式帳』『止由気宮儀式帳』『古今和歌集目録』『定家朝臣記』『飾抄』『年中行事抄』『年中行事秘抄』続群書類従完成会（以上巻数等略）

8　五節舞姫献上者一覧

年代	天皇	献上者①	献上者②	献上者③	献上者④	献上者⑤	史料
仁安3 (1168)	高倉	権中納言藤成親	権中納言平時忠	参議源雅頼	能登守平通盛	尾張守保盛	兵
嘉応1 (1169)	高倉	権大納言藤実房	権中納言藤邦綱	常陸介藤頼実	伯耆守藤宗頼		兵・愚昧
承安1 (1171)	高倉	中納言藤宗家	参議藤頼定	美作守藤雅隆	相模守藤有隆		兵・玉葉
承安2 (1172)	高倉	権大納言藤実国	権中納言藤資長	信濃守			玉葉
承安3 (1173)	高倉	権中納言藤兼雅		備中守			玉葉
承安4 (1174)	高倉	権中納言平宗盛	参議平教盛	常陸守	因幡守		玉葉
治承1 (1177)	高倉	権中納言藤成範	参議藤長方	丹後守源師盛	阿波守藤定長		玉葉・愚昧
治承2 (1178)	高倉	権大納言藤隆季	参議藤実守	上野守藤兼光	加賀守平親宗		玉葉
治承3 (1179)	高倉	権中納言藤朝方	参議藤実守	遠江守藤盛実	甲斐守藤為明		玉葉・山
治承4 (1180)	安徳	権大納言藤実国	参議藤定能	因幡守藤隆清	但馬守平経正		吉記・山
元暦1 (1184)	後鳥羽	権大納言藤良通	権中納言藤頼実	参議平親宗	但馬守藤範能	紀伊守藤範光	玉葉
文治1 (1185)	後鳥羽	権中納言藤経房	参議源通資	美作守	越前守泰経		玉葉
文治2 (1186)	後鳥羽	参議藤基家	参議藤雅長	能登守顕家	越中守家隆		玉葉

注記

①五節定文には、殿上が先に記されるが、記録類では公卿層が先に記されるようになるので、公卿層を先に記した。

②◎は、中止になった年である。

③「除目大成抄」は、吉田早苗校訂『大間成文抄』上下（吉川弘文館）では、「大間成文抄」とされているが、『大日本史料』に合わせて「除目大成抄」(略記：除目）とした。

④略記：藤→藤原、貞信→貞信公記抄、西宮→西宮記、江家→江家次第、本朝→本朝世紀、北山→北山抄、除目→除目大成抄、紀略→日本紀略、年中→年中行事抄、小→小右記、栄花→栄花物語、枕→枕草子、一代→一代要記、御堂→御堂関白記、紫→紫式部日記、左→左経記、魚魯→魚魯愚鈔、百→百錬抄、定家→定家朝臣記、水→水左記、為房→為房卿記、山→山槐記、中→中右記、師通→後二条師通記、長→長秋記、永昌→永昌記、讃岐→讃岐典侍日記、類聚→類聚雑要抄、兵→兵範記、中目録→中右記目録、愚昧→愚昧記

年代	天皇	献上者①	献上者②	献上者③	献上者④	献上者⑤	史料
保延2(1136)	崇徳	権大納言藤頼長	参議藤成通	和泉守藤宗兼	伊賀守藤光房		中・台記・飾抄
康治1(1142)	近衛	権中納言藤実光	参議藤顕業	参議藤経定	越後守藤家明	甲斐守藤顕遠	本朝
康治2(1143)	近衛	権大納言藤実能	参議藤教長	土佐守高階盛章	上野介藤保説		本朝・台記
久安1(1145)	近衛	参議藤忠雅					本朝・台記
久安2(1146)	近衛	内大臣藤頼長	権中納言藤公教	越前守藤俊盛	美作守平親家		台記・本朝
久安3(1147)	近衛	権中納言藤成通	権中納藤公能	長門守藤師行	能登守藤通重		台記・本朝
久安5(1149)	近衛	権中納言藤重通	権中納言藤清隆	讃岐守藤成親	周防守藤成頼		本朝・兵
久安6(1150)	近衛	権中納言藤経定	参議源雅通	近江守源成雅	但馬守藤定隆		本朝・台記
仁平1(1151)	近衛	参議藤経宗	参議藤師長	備前守源信時	武蔵守藤信頼		本朝・台記
仁平2(1152)	近衛	参議藤為通	参議藤資信	摂津守藤重家	阿波守藤成親		本朝・兵・山
仁平3(1153)	近衛	右大臣源雅定	参議藤兼長	能登守藤基家	伯耆守藤親範		本朝・兵
久寿1(1154)	近衛	権中納言藤師長	参議藤公通	常陸守藤教盛	丹波守藤成清		台記・兵
久寿2(1155)	後白河	大納言藤宗輔	権大納言藤宗能	権中納言藤季成	播磨守藤顕親	安芸守平清盛	台記・兵・山
保元2(1157)	後白河	右大臣藤基実	権中納言藤朝隆	甲斐守藤盛方	因幡守藤信隆		兵
保元3(1158)	二条	権大納言藤重通	権中納言藤伊実	越前守藤実清	伊豆守藤経房		兵
永暦1(1160)	二条	中納言藤雅教	権中納言藤公光	若狭守藤隆信	丹波守藤成行		山
応保1(1161)	二条	権中納言源定房	権中納言藤顕時	摂津守高階泰経	伯耆守平基親		山・百
長寛2(1164)	二条	内大臣藤兼実					玉葉・元暦元年11/18
仁安1(1166)	六条	権中納言平重盛	参議藤成頼	参議平親範	美作守平宗盛	武蔵守平知盛	兵
仁安2(1167)	六条	左大臣藤経宗	権中納言藤光隆	若狭守平経盛	出雲守藤朝時		兵

6　五節舞姫献上者一覧

年代	天皇	献上者①	献上者②	献上者③	献上者④	献上者⑤	史料
天永3(1112)	鳥羽	権中納言源基綱	参議藤為房	近江守藤顕隆	伯耆守藤家光		殿暦・中
永久1(1113)	鳥羽	参議藤実隆	参議藤長忠	甲斐守藤師季			殿暦・長
永久2(1114)	鳥羽	権中納言藤宗忠	権中納言藤忠教	丹波守藤忠隆	遠江守源基俊		殿暦・中
永久3(1115)	鳥羽	内大臣藤忠通	参議藤通季				殿暦・類聚・除目
永久4(1116)	鳥羽	中納言藤能実	参議藤実行	尾張守源師俊	因幡守藤宗成		殿暦
永久5(1117)	鳥羽	右大臣源雅実	参議藤信通				殿暦
元永1(1118)	鳥羽	権中納言源重資	尾張守源師俊	能登守藤基頼	越中守源俊頼		中・殿暦
元永2(1119)	鳥羽	権中納言藤実隆	参議源雅定	近江守高階重仲	備中守藤重通		中・長
保安1(1120)	鳥羽	権大納言藤仲実	権中納言源能俊	加賀守藤実能	讃岐守藤顕能		中
保安3(1122)	鳥羽	参議藤原顕隆					兵・仁安2年10/24
天治1(1124)	崇徳	中納言源雅定	参議藤為隆	越前守平忠盛	安芸守藤為忠		中目録
天治2(1125)	崇徳	中納言源顕雅	参議藤宗輔	加賀守藤季成	越中守源顕俊		中目録
大治1(1126)	崇徳	中納言藤実隆（カ）	甲斐守源雅職				中目録
大治2(1127)	崇徳	権大納言藤宗忠	権大納言源能俊	尾張守藤長親	越後守藤政教		中・長
大治3(1128)	崇徳	右大臣藤家忠	権大納言藤忠教	美濃守藤顕保	備後守藤時通		中目録
大治4(1129)	崇徳	大納言藤能実	権中納言藤実行	因幡守藤通基	丹後守源資賢		中
大治5(1130)	崇徳	権中納言藤長実	参議藤忠宗	土佐守藤家長	甲斐守藤範隆		長・中
長承1(1132)	崇徳	参議藤宗能	参議藤実光	能登守藤季兼	加賀守藤顕広		中・兵
長承3(1134)	崇徳	権中納言藤顕頼	参議藤家保	能登守藤季行	長門守藤顕盛		中・長
保延1(1135)	崇徳	権大納言藤実行	参議藤実衡	播磨守藤家成	出雲守藤光隆		中

年代	天皇	献上者①	献上者②	献上者③	献上者④	献上者⑤	史料
寛治5(1091)	堀河	参議藤経実	参議源雅俊	美作守藤行家	加賀守藤為房		師通・為房・中
寛治6(1092)	堀河	権中納言藤忠実	権中納言源俊実	能登守藤宗基	三河守高階敦遠		師通
寛治7(1093)	堀河	参議藤仲実	美濃守公俊	備中守源政長	尾張守藤忠教		中・山
嘉保1(1094)	堀河	参議藤宗通	参議藤季仲	安芸守藤有俊	但馬守藤隆時		中
嘉保2(1095)	堀河	左大臣源俊房	権中納言藤基忠	因幡守藤長実	三河守藤仲実		中・長
永長1(1096)	堀河	権中納言藤公実	参議藤能実	土佐守藤有佐	丹後守藤実信		中
承徳1(1097)	堀河	権中納言藤通俊	美濃守藤義綱	阿波守藤為遠	美作守藤基隆		中
承徳2(1098)	堀河	権大納言源雅実	参議源師頼	伯耆守藤能仲	近江守藤隆宗		中・殿暦・長
康和1(1099)	堀河	参議源国信	参議源基綱	美河守藤家信	能登守藤俊兼		本朝・中・長
康和2(1100)	堀河	参議藤忠教	参議藤宗忠	越中守藤基実	加賀守藤季房		殿暦・中・長
康和3(1101)	堀河	参議源能俊	参議源顕通	美作守藤顕季	越前守藤家保		殿暦
康和4(1102)	堀河	権中納言大江匡房	土佐守藤盛実	出雲守藤忠清	但馬守藤仲章		殿暦・中
康和5(1103)	堀河	参議源顕雅	参議藤家政	越前守藤為家	甲斐守藤惟信		殿暦・中
長治1(1104)	堀河	権中納言源雅俊	権中納言藤仲実	加賀守藤敦兼	周防守藤遠実		殿暦・中
長治2◎(1105)	堀河	(権大納言藤経実)	(権中納言藤宗通)	(出雲守藤家保)	(備前守藤国教)		殿暦・中
嘉承1(1106)	堀河	権大納言藤経実	権中納言藤宗通	備前守藤国教	越中守藤宗章		中・殿暦・永昌・飾抄
天仁1(1108)	鳥羽	参議藤俊忠	参議藤顕実	参議源重資	越後守藤顕輔	阿波守藤邦忠	殿暦・中・讃岐
天永1(1110)	鳥羽	大納言源俊明	権大納言藤家忠	能登守高階時章	三河守藤隆頼		殿暦
天永2◎(1111)	鳥羽	(参議藤為房)	(参議藤実隆)	(近江守藤顕隆)	(伯耆守藤家光)		殿暦・中・永昌

4　五節舞姫献上者一覧

年代	天皇	献上者①	献上者②	献上者③	献上者④	献上者⑤	史料
長久 3 (1042)	後朱雀	権中納言藤兼頼					除目
永承 1 (1046)	後冷泉	参議藤経任	参議藤行経	参議藤資通	丹波守高階俊平	尾張守藤公基	年中
永承 2 (1047)	後冷泉	権中納言藤経輔					除目
永承 3 ◎ (1048)	後冷泉	(内大臣藤頼宗)	(権大納言藤信家)	(伯耆守兼輔)	(周防守藤隆方)		年中・百
永承 6 (1051)	後冷泉	右大臣藤教通					除目
天喜 5 (1057)	後冷泉	権中納言藤師実	美濃守藤定房	加賀守源信房	摂津守藤師家		定家
康平 3 (1060)	後冷泉	内大臣藤師実	尾張守藤時房	近江守藤基貞	大和守藤親国		康平記
康平 4 (1061)	後冷泉	権中納言源俊房					除目
康平 6 (1063)	後冷泉	権中納言藤忠家					除目
治暦 2 (1066)	後冷泉	参議藤祐家					除目
治暦 4 (1068)	後三条	内大臣源師房	参議藤宗俊	参議源隆綱	備前守大江清定	周防守藤良綱	帥記・本朝
承保 2 (1075)	白河	参議源師忠	参議藤公房				年中
承暦 1 (1077)	白河	権大納言藤俊家	備中守藤実綱	加賀守高階泰仲	越後守源頼仲		水
永保 1 (1081)	白河	参議藤公実	参議源俊実	能登守高階公俊	伯耆守高階業房		為房・帥記・水・年中
応徳 1 (1084)	白河	参議藤通俊					魚魯・山
寛治 1 (1087)	堀河	右大臣源顕房	権中納言藤伊房	参議藤公定	美作守源清長	備前守藤季綱	中・為房
寛治 2 (1088)	堀河	権中納言藤宗俊	参議大江匡房	越前守源清実	備後守藤家明		中・帥記・師通
寛治 3 (1089)	堀河	権大納言源師忠	権中納言源俊明	播磨守藤定綱	若狭守藤正家		中・師通・山
寛治 4 (1090)	堀河	内大臣藤師通	大納言藤実季	周防守藤経忠	越後守藤国明		師通・中

年代	天皇	献上者①	献上者②	献上者③	献上者④	献上者⑤	史料
寛仁 1 (1017)	後一条	権大納言源俊賢	権中納言藤能信	美濃守藤泰通	但馬守橘則隆		御堂・小・左
寛仁 2 (1018)	後一条	敦康親王	参議藤資平	備前守藤景斉	信濃守源道成		御堂・小・左
寛仁 3 (1019)	後一条	権大納言藤公任	権中納言源経房	尾張守藤惟貞	丹波守藤頼任		小
寛仁 4 (1020)	後一条	中納言藤行成	参議藤経通	近江守源経頼	甲斐守		小・左
治安 1 (1021)	後一条	権中納言藤兼隆	参議藤定頼				小・魚魯
治安 2 (1022)	後一条	権中納言源道方	参議藤広業	信濃守藤惟任	讃岐守源頼国		左
治安 3 (1023)	後一条	太政大臣藤公季	新中納言藤長家	備前守源経相	備中守藤行任		小
万寿 1 (1024)	後一条	参議藤兼経					小
万寿 2 (1025)	後一条	右大臣藤実資	権中納言藤朝経	讃岐守源長経	越後守藤隆佐		小・左
万寿 3 (1026)	後一条	権中納言源師房	参議藤公成	三河守大江挙周	美作守源保任		左
万寿 4 (1027)	後一条	大納言藤斉信					小・紀略
長元 1 (1028)	後一条	参議藤資平	美濃守源庶政	丹波守源章任	備中守藤邦経		小・左
長元 2 (1029)	後一条	(美作守藤資頼)					小
長元 3 (1030)	後一条	内大臣藤教通	大納言藤頼宗	伊予守藤章信	越後守藤頼祐		小
長元 4 (1031)	後一条	権大納言藤能信	参議源経頼	讃岐守（源頼国)			左
長元 5 (1032)	後一条	権中納言藤経通	参議藤兼頼	因幡守藤頼成	備後守源定良		小
長暦 1 (1037)	後朱雀	権中納言藤信家	参議藤良頼	美濃守橘義通	備前守藤兼経		平記
長暦 2 (1038)	後朱雀	参議藤俊家	美作守平範国				春記
長暦 3 (1039)	後朱雀	右大臣藤実資	権大納言藤能信	但馬守藤貞基	大和守藤義忠		春記
長久 1 (1040)	後朱雀	権中納言藤通房	参議藤経輔	摂津守源資通	丹波守藤保家		春記

2　五節舞姫献上者一覧

年代	天皇	献上者①	献上者②	献上者③	献上者④	献上者⑤	史料
長徳 1 (995)	一条	右大臣藤道長	大納言藤公季	参議源俊賢	前越後守藤理兼		権記
長徳 2 (996)	一条	右大臣藤顕光	参議藤忠輔	前摂津守藤為頼			為頼歌集・除目
長徳 3 (997)	一条	権大納言藤懐忠	参議藤斉信				除目
長徳 4 (998)	一条	内大臣藤公季	中納言平惟仲	近江介藤則忠	伊予守源兼資		権記
長保 1 (999)	一条	大納言藤道綱	中納言藤実資	前但馬守平生昌	前駿河守菅原済家		小・権記
長保 2 (1000)	一条	中宮藤彰子	中納言藤時光	参議藤懐平			権記
長保 3 ◎ (1001)	一条	(中納言藤公任)	(参議藤有国)	(参議藤行成)	(但馬守高階道順)		権記・小
長保 5 (1003)	一条	権中納言藤隆家	参議藤行成	但馬守高階道順	前甲斐守源高雅		権記・一代
寛弘 1 (1004)	一条	参議藤有国	参議藤正光	伊予守高階明順	摂津守藤説孝		御堂・権記
寛弘 4 (1007)	一条	中納言源俊賢	伊予守藤知章	美濃守源済政			御堂・権記
寛弘 5 (1008)	一条	参議藤実成	参議藤兼隆	尾張守藤中清	丹波守高階業遠		権記・紫
寛弘 6 (1009)	一条	前三河守平理義	(権中納言藤原行成)				御堂・権記
寛弘 7 (1010)	一条	権中納言藤頼通	前甲斐守藤惟憲				御堂
寛弘 8 ◎ (1011)	三条	(左大臣藤道長)	(右大臣藤顕光)	(大納言藤実資)	(大和守藤輔忠)	(摂津守藤為義)	御堂・紀略・小
長和 1 (1012)	三条	参議藤通任					御堂
長和 2 (1013)	三条	右大臣藤顕光	権中納言藤教通	参議源道方	備中守藤儀懐		御堂
長和 3 (1014)	三条	権中納言藤頼宗	権中納言藤懐平	参議藤公信	前甲斐守藤能通		小
長和 4 ◎ (1015)	三条	(中納言源経房)	(左大臣道長)	(備前守大江景理)	(備後守藤師長)		小・紀略
長和 5 (1016)	後一条	非参議中将藤能信					御堂

五節舞姫献上者一覧

年代	天皇	献上者①	献上者②	献上者③	献上者④	献上者⑤	史料
延喜 19 (919)	醍醐	参議源悦					貞信・西宮
延長 2 (924)	醍醐	左大臣藤忠平					貞信
承平 5 (935)	朱雀	中納言平伊望	参議源是茂	参議藤伊衡	参議藤師輔		江家
天慶 1 (938)	朱雀	皇太后藤穏子	摂政太政大臣藤忠平	中納言藤実頼	前美濃権守平随時		本朝
天慶 2 (939)	朱雀	参議藤元方	参議源高明	参議藤敦忠	参議伴保平		貞信
天慶 5 (942)	朱雀	河内守藤忠幹					江家
天慶 8 (945)	朱雀	関白太政大臣藤忠平					貞信
天徳 3 (959)	村上	参議藤元名					北山
応和 1 (961)	村上	中納言藤師氏					江家
康保 3 (966)	村上	参議小野好古					西宮
天禄 3 (972)	円融	参議源重光					除目
天元 1 (978)	円融	一品資子内親王	参議源忠清	参議源惟正	左少弁平季明		紀略・年中
天元 2 (979)	円融	参議藤時光					除目
永観 2 (984)	花山	権大納言藤朝光	参議藤佐理	加賀守藤景舒			小
永延 2 (988)	一条	皇太后藤遵子	参議藤安親	参議藤誠信	左京大夫源泰清		小・栄花
永祚 1 (989)	一条	太皇太后昌子内親王	権中納言藤道長	参議藤実資	参議藤懐忠		小
正暦 1 (990)	一条	左大臣源雅信	参議藤時光	近江守平惟仲	和泉守藤時明		小
正暦 4 (993)	一条	皇后藤定子					小・枕
正暦 5 (994)	一条	参議源扶義					除目

服藤早苗（ふくとう・さなえ）

一九四七年、愛媛県生まれ。お茶の水女子大学大学院修士課程修了、東京都立大学大学院博士課程修了、文学博士、埼玉学園大学教授を経て、現在埼玉学園大学特任教授。日本史、女性史、家族史、ジェンダー分析。

〔主要著書〕

『平安朝の母と子』（中公新書）、『家成立史の研究』（校倉書房）、『平安朝の女と男』（中公新書）、『平安朝の家と女性』（平凡社）、『平安朝　女性のライフサイクル』（吉川弘文館）、『『源氏物語』の時代を生きた女性たち』（ＮＨＫ出版）、21世紀に読む日本の古典『今昔物語』（ポプラ社）、『平安朝に老いを学ぶ』（朝日選書）、『平安朝　女の生き方』（小学館）、『平安王朝の子どもたち』（吉川弘文館）、『平安王朝社会のジェンダー』（校倉書房）、『平安朝の父と子』（中公新書）、『古代・中世の芸能と買売春』（明石書店）、『日本のもと　家族』監修（講談社）、『歴史のなかの結婚と家族』監修（森話社）、その他共編著多数

〔塙選書120〕

平安王朝《へいあんおうちょう》の五節舞姫《ごせちのまいひめ》・童女《どうじょ》　天皇と大嘗祭・新嘗祭

二〇一五年三月三一日　初版第一刷

著者――服藤早苗
発行者――白石タイ
発行所――株式会社塙書房
〒113-0033　東京都文京区本郷6-8-16
電話＝03-3812-5821　振替＝00100-6-8782
印刷・製本所――亜細亜印刷・弘伸製本
装丁者――古川文夫（本郷書房）

ISBN978-4-8273-3120-2 C1321